反思的

Power of Reflection

力量

生态视角的教育观察

教育应是和谐的生态，需要积极理性的反思的力量

张 丰／著

教育科学出版社
·北京·

前　言

反思的力量：生态取向的教育观察

近年来，"教育生态"一词经常被提及。2020 年，中共中央、国务院印发《深化新时代教育评价改革总体方案》，提出对区域教育生态问题要依法问责。什么是教育生态？关注教育生态的意义何在？作为一名教育评价研究者，我更愿意从价值观与方法论的视角来理解"教育生态"。

关注教育生态，常常反映在生态取向的价值观上。不论是对区域教育、学校教育的发展，还是对教育教学过程、学生的成长与发展，都可以从环境生态整体优化的视角来观察与分析，将优化教育生态视为教育发展的追求。在评价教育的发展质量时，坚持生态取向的价值观，往往会注重系统要素之间的结构关系，重视质量形成的过程与机制，关心学生的健康、全面发展。我们构建了"三维质量评价"，用结构型质量、过程型质量与结果型质量来区别理解不同层面的教育质量的实质，从结构是否合理、过程是否科学、结果是否健康来评价教育生态是否良好。这是我们的教育评价研究成果[①]的核心观点。本书所选大多数文章均可为这一观点所统率，包括旨在优化学生学习过程的关于教学改革、实践学习与学业负担等方面的文章，所以我将"生态视角的教育观察"作为本书的副书名。

本书是一本教育时评文集，所收录的文章较发表时有不同程度的改动。这些文章通常从一个真实事件或现象出发，然后展开相对聚焦的探讨。收录的45篇文章中，有39篇是2014年后为《基础教育课程》《中国教育报》《浙江教育报》等报刊撰写的专栏文章、刊首语等。这些文章以简练的文笔、锋利的思维、结合现实的分析阐释，说明一个道理，提出一点建议。虽然这些文章有一定时效性，但我们可以透过事件或现象，去思考其对今天的借鉴意义。不过，为了更好地勾勒研究思考轨迹，本书还收录了我在《人民教育》等期刊发表过的6篇篇幅稍长的、有代表性的文章。

本书分9组专题。其中"教育评价的生态取向""科学理解'教育质量'""考试评价的反思与回归"3组专题共17篇文章都紧扣评价主题，从对一些区域教育决策的反思中，揭示优化教育生态的重要性，提出改进区域教育质量管理与规范学校考试评价管理的建议。"透视学业负担的实

---

① 《优化教育生态：教育质量综合评价改革的省域实践》，曾获2022年基础教育国家级教学成果奖一等奖。

质"这组专题中的文章主要写于"双减"阶段，从作业切入，基于教育质量监测阐述了"双减"的意义。

"课堂教学改革的'三重境界'"与"站在学生身后的教师"这两组专题中的文章都是关于课堂教学改革的时评，分别聚焦区域推进策略与课堂学习实践而展开。"实践学习的力量"专题主要是一组关于劳动与综合实践的短文，反映了关于突破课堂边界的教学改革、深化课程改革的方向性行动的观点。

最后两组专题也各成关联。"找寻教育之'蓝牙'"的3篇文章，反思人工智能的教育应用，并将学会学习、促进学生形成自我教育能力作为教育的关键。"回应创新人才培养之惑"这组文章主要写于2023年，对创新人才培养进行了反思辨析，表达了推进"大科学教育"的展望。

主书名定为"反思的力量"，是因为积极而理性的反思讨论是这些文章的共同特点，几乎从每一篇文章中都能看到有破有立的承合。尽管"反思"与"批判"近义，但"反思"又不同于"批判"。"反思"是善意的，是一种负责任的"批判"。我希望这种讨论是一种建设性的反思，即便以第三者口吻表达，也尽量站在当事方的角度来思考，努力将事情说清楚，传达正能量。

我一直认为，研究是从实践中的问题出发，探寻解决问题的对策的过程，反思是其中的重要方法。我一直相信反思是有力量的。反思的力量，体现在直面现实的勇敢，对待困难与问题的不遮掩，有一说一，客观分析；反思的力量，也体现在对事件与现象的洞察，于表象中抓住主要矛盾，入木三分，理性分析；反思的力量，还体现在面对困难时的积极信念，反思并不是对客体的否定，而是以"肩并肩"的姿态，促进客体的进一步发展。

在这本小书付梓之时，我不由自主地想起十年前的情境：应《基础教育课程》编辑部之约，每两个月要交一篇教育时评，对任务的焦虑感和在任务驱动下激越思考后的欣欣然相交织……。感谢付宜红老师、汪瑞林老师、钱丽欣老师、言宏老师等编辑当年的信任与斧正；同时感谢教育科学出版社池春燕女士与万海刚先生的"点睛之助"。

感谢亲爱的读者！希望您在阅读本书时所感受到的，是作者的真心诚意！本书不当之处，敬请批评雅正！

张　丰

2024 年 4 月 30 日

目 录
CONTENTS

1

/ 1 /

教育评价的生态取向

在基层调研中，我听闻了一些区域教育决策的故事。这引发了我的深思。随着地方政府对基础教育的日益重视，对学校教育的要求也明显提高。但在对教育的社会评价中，短视化、功利化倾向还相当严重，各方所关注的"质量"有些片面，为提高"质量"而采取的一些措施也未必正确，还由此导致区域教育生态被破坏。因为这类问题存在一定的隐蔽性和迟效性，所以人们很少论及，但教训却是深刻的。

因为承担中小学教育质量综合评价改革的国家实验任务，我们对区域教育质量管理问题有专题研究。面对这些真实的教育决策事例，我撰写了5篇小文，以揭示区域教育生态的重要性与严峻性，并提出从结构的视角看区域教育质量的核心观点。

《学习"两山"理论 优化教育生态》是这组文章的小结。它正面阐述了优化教育生态的思想与理论依据，提出了以生态文明思想指导地方政府端正教育质量观的建议。树立生态取向的教育质量观是深化教育评价改革的关键。这组写于《深化新时代教育评价改革总体方案》颁布前的短文就是我们的呼吁与建议。

教育之"雾霾"

在刚刚过去的 2013 年,"雾霾"是令人心悸的词语。之所以令人们心悸不已,是因为其危害如影随形,挥之不去。

雾霾的成因,主要是在加快工业发展的进程中,忽略了对环境的保护。有的明知会破坏环境,却从局部利益出发,昧着良心攫金。从经济与社会发展的角度看,雾霾在一定程度上是 GDP 至上的经济增长方式的产物,其影响具有一定的隐蔽性、迟效性和顽固性。

在人们开始从机制层面深刻反思不正确的经济发展思路所造成的社会代价时,教育工作者发现:同样的负性机制蛰伏在当前的教育发展系统中。

在过去相当长的一段时间里,GDP 是衡量区域经济发展的核心指标,甚至是唯一指标。区域间 GDP 及其增长率的比较,成为驱动经济发展的"无影之手"。同样,升学率成为区域教育发展的 GDP。地方政府评价教育工作的绩效往往简单聚焦在当年高考的升学率、一本数甚至是"清北数"(考取清华大学、北京大学的学生数)。这种高度量化的评价机制有着简明、强势的特点。而这一系列数据的校际比较、县际比较便有着"刺刀见红"般的残酷。

人们不能否定高升学率学校的工作成绩,但却忽视了为获得高升学率而付出的巨大的成本与代价。在片面追求升学率的过程中，学校教育的一些重要功能形同虚设。只要能考高分，"一俊就能遮百丑"，学生的人生态度、社会认知、身心健康等都可以被忽略。为了保证为学校赢得荣誉的尖子学生的利益，不惜牺牲普通学生的利益。这种机制下的"产品"，能够在短期功利的评价中成为学校加分的"棋子"，至于学生的将来，那就看他们自己的造化了……

一些打着提高教育教学质量的"旗号"，却在违背教育规律，增加师生负担的制度在基层蔓延；一些一时取得骄人战果，却在长远意义上涸泽而渔的案例在基层发生；一些长期身处"分数至上"评价机制中的教师，已很难相信教书育人的意义……

种种现象，教育中人、教育管理人士何尝不知？很多有识之士曾大声呼吁。可是，究竟是什么力量，让正确的声音变成了无奈的叹息呢？不当的教育质量管理机制难咎其责，其消极影响同样具有隐蔽性、迟效性和顽固性。

改进教育质量管理机制是当下教育事业健康发展的首要任务。这是雾霾袭来时，如梦初醒的人们的觉悟。2013年12月，中共中央组织部下发了《关于改进地方党政领导班子和领导干部政绩考核工作的通知》，规定今后对地方党政领导班子和领导干部的各类考核考察，不能仅仅把地区生产总值及增长率作为政绩评价的主要指标，不能搞 GDP 及增长率的排名。这一政策决定表达了新一届领导集体坚持科学发展的坚决声音。在这一似乎与教育没有关联的新文件中，我们读出"没有健康发展，就没有科学发展、持续发展"

的"弦外音",读出这一政策对教育改革和发展的重要指导意义。

2013 年,教育部印发了《关于推进中小学教育质量综合评价改革的意见》,确定了 30 个实验区加快教育评价改革。这一旨在改进教育质量管理机制的行动是及时的、重要的。但我们必须要意识到,教育质量管理机制不只是教育行政部门对学校的评价,它还包含各级地方政府对教育战线的评价,包含上级政府对下级政府教育工作的评价,包含媒体舆论声音理解与支持正确导向的引导。不以升学率或学业成绩的提高为主要指标,不搞升学率与考试成绩的排名,还须表达为政治意志,上升为政府行为,因为这是科学发展观思想的真贯彻!

（本文发表在《基础教育课程》2014 年第 5 期）

桃花源的忧思

　　2013 年夏天，响应群众路线教育的号召，我们前往山区县开展教育调研。车行 5 个多小时，我们终于来到了大山深处的 Q 县。许是一路穿梭于满山葱翠的绿色之中，5 个多小时的车程居然并不太疲惫。大家兴致勃勃地赞扬这里的环境、空气和乡情的朴素……

　　观察一个区域的教育发展状况，一般从初中段教育的"结构"切入。Q 县有 7 所初中，全部是公办学校，其中 3 所规模较大的初中的办学水平基本相当。它们 2 所在县城，1 所在大镇，这 3 所学校的在校学生数占全县初中生的 70% ~ 80%。虽然另外 4 所学校（其中 2 所为九年一贯制学校）的教育质量相对居后，但从全县看，对大局的影响不大。因而，Q 县的初中段教育相当均衡。据市里组织的初中学业测试的数据看，Q 县的平均分与后进率等指标均排在大市的第三位，只是优秀率的数据排在全市的第六七位。

　　得知这个山区县的教育发展状况均衡时，我有些意外与欣喜。在全省许多地区因教育发展欠均衡而矛盾不少时，这个淳朴的山区县城，居然还保留着一片"桃花源"！这是一个何等令人羡慕的"桃花源"！我恍然大悟，教育是否健康发展，并不完全取决于经济条件。也许是地理位置相对闭塞，在一定程度上避免了外来力量的"入侵"和"虹吸"，Q县更多地保留了自然的态势——学校的层次结构。全县70%~80%的同龄学生能够享受基本相当的初中教育，这是何其的幸福，又是何其良性的局面。

在Q县同志介绍到下阶段全县教育工作将以提升优秀率为突破口，采取各项"有力"措施时，我的心反而抽紧了。据了解，Q县已计划引进一所民办中学，将城区的一所公办初中改成民办，集中优秀教师与生源，以提高初中段的优秀率，同时填补本县民办中学的空白；建立中小学教育质量监控机制，以每学期期末统考的数据为主要依据，将各校的各年级各项成绩指标的排名按一定的权重综合起来，进行学校教育质量的综合考核，将县里对教育发展的奖励转化为促进学校教育质量提升的"动力"……

面对地方教育行政部门在"提高教育质量"问题上的雄心勃勃时，我有一种别样的体会。

思考教育质量应有三个维度。一是"结果型的质量"，这是今天的人们都熟悉，而且容易关注的，反映在学生个体的质量上；二是"过程型的质量"，它关注学生的学习过程是否有效、是否有意义，学习成本是否合理等，是从质量形成过程的角度，看学校提供的课程与教学活动的质量；三是"结构型的质量"，它关注区域内学校的布局、学校均衡发展的态势、学校内部可持续发展的力量以及支持区域教育良性发展的机制。

今天的社会对"教育质量"的追求确实有些不理性。人们会把对教育的投入和教育发展的显性指标紧密联系起来；

有时甚至只需几个高关注度的指标，便"一俊遮百丑"；他们对于教育显性指标的重视和对学习成本与代价的忽略，无形中助长了"不择手段"提高考试分数的"热情"。这不是促进教育发展的力量，而是对教育生态的破坏。

教育均衡发展就像山区的"植被"。在出现"植被"破坏和水土流失后，修复将会十分困难。

（本文发表在《基础教育课程》2015 年第 3 期）

状元的意义

在基层调研中，曾听闻一件事。D县的高中教育质量一直较好，三所普通高中办学水平相当，每年都能有30%左右的毕业生考入一本高校，高于全省15%左右的一本率。这个成绩是很不错的。有一年，邻近的C县出了一名全省高考文科状元。在新闻媒体的关注与助推下，C县很是风光。于是，D县的一位主政领导约请教育局局长商谈高中教育质量提升问题："都说我们的高中教育质量高，可人家有状元，我们怎么没状元呢？"这位领导的问题使教育局局长犯了难……

事情后面的发展可以想象。局长调整学校布局，校长调整班级分班，全县集中优秀生源，加强尖子培养，争取状元"零的突破"。但调整中，各校均衡发展的态势、较高的整体水平却都不见了。而从功利的角度看，期待的状元最终也没有出现。

2014年，中国校友会网发布《2014中国高考状元调查报告》，报告对1952—2013年全国各省区市近3000名高考状元的求学与职业等状况展开追踪调查及研究分析。调查发现，大多数高考状元的职业发展与社会期望存在较大差距，投身职场者较少"出类拔萃"，多数没能像学生时代那样继续领先，成为各行各业的"顶尖人才"。

出现这一现象并不令人意外。"状元"对于这位优秀学生的当年是有意义的，但对于其今后并无意义。以状元的出现作为区域教育质量较高的标志，并不令人信服。可是，这种将个体意义夸大为团体意义，将短期意义视作永恒价值的逻辑居然还很有市场，近年来更被大肆宣传，并使得教育发展出现许多畸形的路向。

有人说："状元是'撞'出来的。"（方言，意指运气）这句话很形象。状元归属绝不是区域教育质量的证据。虽然国家三令五申地方政府不能唯升学率，但这样的以状元归属、"清北数"来考量区域教育发展的功利短视思维在一些地方还相当普遍。今天，左右教育规划与发展的非理性的声音还存在，甚至成为某些地方教育行政部门和学校的"圣旨"，成为教育发展的逆向决策。

在某些地方，教育发展的错误决策与指挥没有被关注，原因是多方面的。首先，教育发展的成果不太具体、不太可见，其影响只有相关人士才能感受到；其次，教育发展决策的影响往往是迟效的，无法对作出错误决策的官员进行及时追责；最后，改革调整中必然有利益的此消彼长，可能会掩盖许多事实与危机。所以影响教育决策的原因更具有隐蔽性，其对社会与民生的影响也更广泛，我们必须警惕之。

今天，我们需要一种机制，防止不尊重教育规律、无视教育的民生意义的逆向决策出台，防止以经济手段、政绩思维干预教育、破坏教育健康发展的决策出台。

（本文发表在《基础教育课程》2015 年第 7 期）

谁的声音更重要

H县和L县是浙江两个相邻的县。H县是一所老城,文化悠久,教育基础较好;L县原来是H县的一个大乡镇,改革开放后分立出来,其基础可想而知。

在20世纪末,刚刚开始"名校办民校"的时候,H县将县城最好的初中改制成国有民办学校,一方面通过招生考试,规范小升初招生,疏导了择校需求,省却了划片招生时纷飞的"纸条";另一方面,有了这样一所窗口学校,县政府与教育局很有成就感。教育工作看上去颇和谐。

L县的思路则迥然不同。他们把学校均衡发展放在首位,一方面继续保持城区几所初中办学水平相当的局面,另一方面重点改造农村薄弱初中,缩小城乡差距。于是,普通老百姓家庭的择校愿望不太强烈了,但经济条件较好的家庭的择校需求却有所增长。于是对于教育局的做法,出现了诸如"连一所窗口学校都没办起来,害得我们都将孩子送往外地去读书"之类的批评。这令教育局压力很大。

十年后,两地的教育发展水平发生了反转。因为优秀师资与生源的集中,H县的农村初中每况愈下。在高中招生中,县城重点高中生源几乎被这所国有民办初中垄断了,其他初中学校难有贡献。因而,建立在一所优秀初中的基础上的高中教育水平明显下滑。于是，这所初中的毕业生也开始外流。与之相反，虽然 L 县的小学毕业生有小部分外流，但初中各校基本都保持着较好的面貌，县城重点高中的招生也态势良好，高中教育水平相对呈现进步态势。

迟效性是教育决策的基本特点，复杂性是教育决策的另一特征。虽然我们很难对以上两县影响高中教育的因素进行简单归因，但我们能够看到教育发展的基本规律与社会使命，并以此作为工作的准则。

十年后的今天，我们能更为公允地看待昨天。H 县与 L 县的案例比较，关键在于决策所依凭的究竟是谁的声音，在于在"对上负责"与"对下负责"的平衡中的立场与智慧。有些地方在决策时，更多地站在利益拥有方的立场；而有的地方则更多地考虑利益的平衡，甚至重在对弱势群体的关切。

作为具有国计民生意义的教育事业，教育决策中究竟谁的声音更重要，显然不必争论。但各地是否在真正贯彻群众路线的要求，真正做到"以民为本"，现实并不乐观。更多的地方是在两种声音的影响下摇摆着，并有意无意地向利益拥有方倾斜。

将两个颇为典型的区域教育规划与发展的案例拿出来对比讨论，是希望人们能更好地理解现象背后的机制，不要轻视教育规划与发展中的"结构性因素"。这种"结构性因素"可能是区域教育质量的核心，它将决定区域教育发展的未来。

（本文发表在《基础教育课程》2015 年第 11 期）

"真鲇鱼"与"假鲇鱼"

在 20 世纪 90 年代，各地兴起发展民办教育的热潮。一些民办学校以运作机制的优势和相对丰厚的报酬吸引了一批优秀教师，办学质量较高，社会效益不错。这既有利于缓解教育资源紧缺的问题，又为公办学校的改进与发展提供了启示。有人将民办教育的兴起比作"鲇鱼效应"。

鲇鱼生性好动，而沙丁鱼则相反，天生安静，长途运输易死亡。于是，渔夫在长途运输沙丁鱼时，会放入少量鲇鱼，迫使整舱的沙丁鱼活动起来，如此便可提高沙丁鱼的成活率。社会经济活动中常将引入新机制，刺激个体间形成竞争，以激活整个体系的做法比作"鲇鱼效应"。以此来比喻早期的民办教育还是较为恰当的。

不过，在民办学校边发展边分化的过程中，一种新的"民办学校"出现了。这类以"名校办民校"为名兴起的、得到政府极大政策支持的"国有民办"学校在世纪之交迅速推广开来。它们一方面保持了原来的优质学校的品牌和高度保障的师资管理政策，另一方面又按民办学校的方式集聚优秀生源，灵活资金运作。国有与民办的两种优势兼于一身，使得这类学校迅速壮大，因为师资的稳定与原来的学校品牌，它将纯粹的民办学校"挤"到狭窄的空间；因为可以选拔招生，它又迅速"击倒"其他普通公办学校，"国有民办"学校就这样优而更优地发展了。几年下来，"国有民办"学校成了"狂吃沙丁鱼的鲇鱼"，成为破坏区域教育结构与生态的"霸王鱼"。有的地方稍微好点的学校都"变脸"为"国有民办"，挤压普通公办学校的生存空间。普通家庭在子女教育上要么支付更高昂的费用，要么面对退步的学校。

这种现象在很多地区都不同程度地存在，成为区域教育规划与发展中的一个典型问题。正是对这种有违"鲇鱼效应"的"假鲇鱼"的反思，教育部于2009年下发文件，要求各地清理规范义务教育阶段的"国有民办"学校。至今，各地的清理规范工作都已完成，但"国有民办"现象对各地区域教育发展的影响却在持续。

我们一定要从"结构"的视角分析区域教育的可持续发展，从优化"学校发展的生态"角度提升区域教育的"结构性质量"。民办学校的"鲇鱼效应"问题只是"结构"讨论的一个视角。发展民办教育的真正意义，是促进基础教育体系的完善，而不是增加几所能满足数百上千名学生择校需要的学校。如果一所民办学校只有它自己的存在意义，却可能危及区域教育发展的生态，这样的"假鲇鱼"宁可不要。

（本文发表在《基础教育课程》2015年第15期）

学习"两山"理论　优化教育生态

　　"教育强国，实业兴邦。"在中国特色社会主义走进新时代的今天，再次强调教育优先发展意义重大。习近平总书记曾高瞻远瞩地指出"绿水青山就是金山银山"。新一代国家领导集体将生态文明作为社会主义建设的"五大文明"之一纳入国策。从当前我国教育发展的现实看，"两山"理论不仅是生态环境保护工作的重要指南，也是指导教育事业科学发展的理论武器，是教育强国战略的核心原则。

　　作为国家发展战略的重要方面，教育事业不能采用单一向度的加强或提高措施，而要建立结构思维，按照"绿色""协调"的发展理念，从教育生态的视角把握发展的方略。但现实中，很多地方都暴露出"片面追求"的倾向，结构性问题已十分突出，明显制约教育强国战略的实施。

　　例如，在基础教育评价中，有些地方将一本上线率（或人数）、"清北数"等，当作任务指标下达到学校，不计代价地聚焦少数学生，追捧"状元"，提高显性政绩，但随之出现大量带着消极体验走上社会的年轻人。又如，有些地方在义务教育阶段打造窗口学校，不惜过度扶持，聚焦优秀师资与生源，导致公办学校萎缩，择校热加剧，竞争提前，校外培训迅速滋生。这种行为是以牺牲多数百姓利益为代价，满足少数人群的子女教育需求。再如，有些地方忽视城乡教育均衡发展，导致城区学校超员、农村学校闲置、农村文化荒芜，制约乡村振兴……

这一系列问题的背后，是区域教育发展决策缺乏结构思维、忽视生态涵育的结果。进一步究其原因，是某些地方政府在教育发展中的不当作为。具体表现与主要原因有：缺乏对政府发展教育责任的正确认识；"学业成绩政绩化"，实行经济模式的教育质量管理；将学校规划融在经济运筹中，追求局部利益损害整体平衡；以"形象工程"为主导，支持下属在生源和师资上的"掠夺性竞争"；等等。

区域教育发展一定要树立生态意识与结构思维，明确不同层级的责任。各级政府在发展教育中的责任，主要在于教育发展环境的建设；教育行政部门的责任在于维护与支持健康且可持续发展的学校结构；学校的责任在于保证教育教学过程的规范以及对学生成长的尊重；学生的成绩是他们自己的人生记录，以此来描述其他陪伴者的"功绩"未必可信。

因此，要建立重在教育生态视角的区域教育发展评估机制，以"结构意义"的教育质量引导区域教育的整体协调发展，进一步强调教育发展的民生意义与群众立场，切实制止"名亡实存"的"国有民办"现象，以"两山"理论为指南构建良好的教育发展生态。

（本文发表在《基础教育课程》2018 年第 11 期，基于本文思想发展而成的《构建以教育生态为核心的区域教育发展评价——破解"唯分数""唯升学"难题的建议》发表在《教育发展研究》2019 年第 12 期）

| 2 |

科学理解 "教育质量"

十几年前，我们反思区域教育质量管理，关注教育发展的结构性因素对质量的影响，关注制约教学质量的过程性因素，提出"三维质量评价"的最早雏形，呼吁科学理解"教育质量"。这一思想是我们后来提出的"生态取向的教育质量观"的基础，即要以"结构型质量"评价促进区域教育的优质均衡发展，构建以教育生态为核心的区域教育发展评价体系；以关键指标综合描述的"过程型质量"，引导学校优化教学管理与育人实践；以"健康发展学生"作为"结果型质量"的新标准，重新定义好学生，引导育人生态的优化。这一以"三维质量评价"为核心的成果获得了 2022 年国家级基础教育教学成果奖一等奖。

　　《深化新时代教育评价改革总体方案》明确了教育评价改革的方向和五大主体的重点任务。《教育评价的"对象立场"》既是对该文件的学习体会，也是本组文章的小结，意在对教育评价的思想方法有所突破。教育评价实践中必然存在评价主体与评价对象的互动关系，而评价究竟为了谁？教育评价的"对象立场"，强调评价应以评价对象的发展为旨归。

教育质量管理机制的反思与建议

《国家中长期教育改革和发展规划纲要（2010—2020年）》指出，"过重的课业负担严重损害儿童少年身心健康"。尽管在过去的十多年中，各级教育行政部门就减负问题采取了很多措施，对缓解学生过重的课业负担产生了一些作用，但学生课业负担过重问题并没有得到解决。为什么这一问题会如此顽固存在？除了社会原因之外，我们不能回避目前地方教育质量管理机制在其中的消极作用。

我们需要什么样的"质量"

教育质量的真正内涵是什么？当前我们习惯提到的"质量"是否就是教育质量的核心呢？

教育的"质"与"量"是分别从定性和定量的角度对学校教育进行的评价。它们主要是观察学生在德、智、体、美、劳等方面的全面进步。但现实中我们关注的教育质量往往过度聚焦于学业分数，以及基于学业分数的高端选拔。这是客观的，同时也是不科学的。这主要表现在以下几方面。

有限解释性的学业分数被过度关注和过度运用。因为评价技术的局限，在目前的学业测验中，关于知识识记的评价所占的比重往往大于关于知识运用的评价，因而测验所反映的多是低水平思维的基本面貌，以及能够通过重复练习而产生收益的"浅层学习"。这显然不是学习的核心，但由于人们对学生学习过程中密集的、基于经验的、以剪贴为主的测验结果的过度关注与过度运用，低水平测验被"披"上权威的"外衣"。"有限的解释性"被放大了，甚至被滥用了。

过度聚焦于学业分数，忽略了教育的社会使命。教育其实是促进学生健康地社会化的活动，是促使学生加强品德修养、健康体魄、提高社会适应性、乐于劳动以及知识方法进步的过程。但在尚不健全的社会选拔机制的影响下，一些学校对学生德育、美育、体质、劳动意识与能力等综合素质的进步相对漠视，而把更多的力量投入到提高纸笔测验的分数上。当片面的教育价值与简单的评价方法成为业界的惯常认识后，一些学校的教学管理与教师的教学行为便出现迅速的"异化"。

过度关注小样本的高端竞争。前几年，学校建设过于依靠"自我造血"，以及地方政府重视横向比较，这导致校际竞争的加剧。校际竞争的指标从一般的优胜，逐渐集中到尖子乃至状元等偶然性的成果（从关注上线率，到关注一本率，到关注 211 高校录取数，到"清北数"），这种片面缩小常模参照样本规模的做法是非常残酷的，同时也是没有意义的。它违背了面向全体学生的教育原则，导致一般学校不切实际地攀比窗口学校的焦虑，使更多的师生失去了摆正位置、循序渐进的从容。

因此，我们要进一步加强对"易而不死，活而不难"的学能测验的研究与推行；进一步完善综合素质评价，增加其在学生学业评价中的权重与刚性；淡化高端竞争，反思和节制校际相对评价。

地方教育质量管理的本质应是一种促进行为

反思当前的地方教育质量，评价的杠杆作用有些夸大，专业指导相对忽视。地方教育质量管理的本质应是一种促进行为，而不是评价，更不是责任分解。在地方教育质量管理中，涉及地方政府、教育行政、学校以及教师等很多层面，各方都有不同的立场与"苦衷"。这种多元立场的强势表现导致一些适得其反的结果。

《基础教育课程改革纲要（试行）》指出，要改变课程评价过分强调甄别与选拔功能，以发挥评价促进发展和改进实践的功能。但各方面都不同程度地存在着对评价功能的错误理解和对评价结果的过度运用。越基层的同志往往越是无奈的。这是目前强调"对上负责"，忽视"对下负责"的体制所决定的。认识与解决这一问题，须自上而下地进行。

有些地方官员正式或变相地以"升学率"来考核地方教育工作的绩效，甚至公开提出教育局工作就看"重点率"或"清北数"，或者年年提出升学率增长的指标要求。这种将教育工作绩效聚焦在统计数字的思路，是典型的 GDP 思维的政绩观，这是迫使一线教学出现异化的一个重要原因。

在地方政府重视区域横向比较的氛围中，教育行政领导将这种责任分解下放到学校，并聚焦关键性的量化指标，这就对学校工作产生强大的功利导向。也正是局部利益的诱引，以及地方教育行政部门的纵容姑息，使一些学校产生"偷跑意识"与"踩线意识"，学生负担加重，突破教育教学规范底线的学校渐多，渐成法不责众之势。

学校将责任再拆分到具体教师。这能否形成"百舸争流"的大好局面呢？几年下来，我们看到的是教师之间"竞争有余，合作不够"的"戒备人际"，看到的是对学生时间的"抢占"，看到的是中庸群体将优秀教师视作"脱颖而出的鲇鱼"的挖苦讽刺，看到的是有些教师对落后学生的"白眼以对"……。同时，评价者与被评价者的对立性，在一定程度上恶化了学校领导与普通教师之间的关系。决定学校教育教学质量的关键是干部、教师与学生的同心同德。

即便教育行政部门三令五申"学校和教师不得公布学生考试成绩和按考试结果公开排队"，但有些初中还是存在着排名次或变相排名次的现象，甚至于月考、测验都会以"排行榜"的形式来呈现，教室里排座位也与考试名次有关。选拔意义的评价的滥用，使学习就像是连续密集的淘汰赛，每次考试都在增加"失败者"。考试不再是学生发现问题、改进学习的机会，它更像敲打刺激师生的"电警棍"。

所以，地方政府要树立正确的教育政绩观，要克服过于关注横向比较的类似于抓经济式的教育质量管理模式。要改变管理者的姿态，变评价考核为指导促进，克服过于重视横向比较，过于强调显性数据的简单化做法，以科学的方法实现教育质量的持续进步。

教育质量管理的重点在"过程质量"与"结构质量"

教育质量管理是一个有序的系统，有着自在的分工与策略。我们认为，分析教育教学质量，首先要有正确的教育质量观。理解"教育质量"的本质含义，应有三个维度。

一是从时间横断面上看质量。这是指某一时期学生个体层面反映的质量。这也是社会最为关注的"结果型质量"。但它不应是各科成绩的统计数据，而应是关于个体学生各学科关键能力进步的分项分析。其价值在于反映学生的学习状态。它需要教师用"过程时态"的眼睛和"发展分析"的态度来研究。

二是从质量形成的过程来看质量。我们在研究企业界推崇的全面质量管理理论时发现，这一理论的核心观点是对质量形成过程的及时分析和回馈管理。学生的学习、质量的形成是不是学生知识越来越多、分数越来越高的连续函数呢？不是的，质量形成的本质是学校教学过程的扎实有效。影响学校教学过程的因素有很多，譬如学校生存状态、学校教学工作状况、教师的工作精神和教学素质、对教育教学过程的评判和调控等。这一系列发生在基层学校"质量战场"上的认真和严密的工作，必须尊重规律，必须凝聚全体教师的斗志和智慧。从学校管理（中观层面）来研究质量的形成和影响质量的因素，所关注的是"过程型质量"。

三是从教育发展的宏观视角看教育质量进步的潜力或危机。影响教育质量的绝不只是学校层面的努力，教育发展的结构规划以及师资队伍等可持续发展力的培育问题，是事关教育质量进步的重要因素。思考提高教育质量有"结构性"和"持续性"两方面的思维，是教育管理决策层对教育教学质量的责任。从区域教育发展（宏观层面）来研究质量所关注的是"结构型质量"。

我们不能一叶障目地观察和理解教育质量问题，也不可"头痛医头、脚痛医脚"地急功近利地去采取对策。教育行政部门、学校、教师在教育质量管理中的作为方式是不同的。地方政府和教育行政部门的着力点应该在"结构质量"上，要通过学校规划与结构调整，包括队伍结构与校长使用等工作机制，形成良性的工作结构；地方教育业务部门与学校的着力点应该在"过程质量"上，要建立尊重学科特点的教育教学常规，建立常态教育教学的视导体系，通过规范教育教学行为，以及改进教育教学过程，克服"重教轻学"的积弊，来促进学生有效学习。

当然，教育质量管理必须尊重历史，尊重起点，客观评估社会环境对教育的影响。所以，"直面问题，摆正位置，改进机制，循序渐进"是我们应该持有的积极态度。

（本文发表于《基础教育课程》2011 年第 5 期，最早提出"结构型质量"与"过程型质量"，基于浙江教育质量综合评价监测数据于 2020 年第一次进行区域"结构型质量"评价，相关成果发表在《教育发展研究》2021 年第 10 期）

生态取向的教育质量观及其
实践落地

在 2023 年公布的基础教育国家级教学成果奖获奖名单中，由浙江省教育厅教研室申报的成果《优化教育生态：教育质量综合评价改革的省域实践》被评为一等奖。这一成果的突破之处在于生态取向的教育质量观的提出及其实践落地的探索。

教育生态问题与教育评价

21 世纪以来，我国基础教育取得长足发展，但一些机制性问题仍然存在。2020 年，中共中央、国务院印发的《深化新时代教育评价改革总体方案》指出，要"扭转不科学的教育评价导向"；"牢固树立科学的教育发展理念，坚决克服短视行为、功利化倾向"；"对教育生态问题突出、造成严重社会影响的，依规依法问责追责"。文件明确提出对区域教育生态问题的依法问责。那么教育生态问题所指的是什么？为何要建立问责机制呢？我们有以下认识和判断。

首先，教育生态问题应是区域层面的问题。教育生态是以教育为中心，对教育的产生、存在和发展起着制约和调控作用的多维空间和多元环境系统。它不是学生个体层面或学校层面的反映，而是较大规模的学生与学校之间的相互关系的积聚的反映。我们通常从区域层面评价教育生态的优与劣，评估在对学校与学生发展的支持上，校际与生际关系究竟是理性有序的，还是混乱失序的，彼此之间是共进关系还是互斥关系。

其次，教育生态问题必然有现实的实践表现。当前基础教育的教育生态问题主要表现在：学生学业负担较重，被动学习严重；教师缺乏活力，教学过程功利；校际恶性竞争严重，片面追求升学率与考试排名，因功利目的而无视规律、抢夺生源的现象频繁；区域教育发展不均衡，教育公平相对被忽视等方面。虽然问题的反映不只在区域层面，但问题的根源通常就在于区域的教育治理。

再次，教育生态问题不是先天就有的，而是因为某种缺失造成的。深究当前这些问题现象的成因，基础教育评价过度关注考试分数、过度依赖纸笔测验、过度采用横向比较、过度聚焦尖子学生，这些"过度"并不是因为"不能"，而是因为"不为"或者"错为"，使这些我们本来能做到，当年能做到的事，却因为观念退步或功利取向，今天难以做到了。面对这样的问题，国家建立教育生态的问责机制十分必要。

最后，教育生态问题的"钥匙"在于评价机制的突破。"有什么样的评价指挥棒，就有什么样的办学导向"。办学导向就是教育质量观的反映，它通过教育评价机制而影响实践。要优化教育生态，须从根源处遏制生态恶化的趋向，深化教育评价改革,重建生态取向的教育评价机制,从政府提高教育治理水平来破题。深入分析"唯分数""唯升学"问题,关键是要制止"学业成绩政绩化",阻断"经济模式"的教育质量管理机制的盛行。不少地方强化以学业分数与升学率来考核区域与学校教育质量,加剧了校际恶性竞争与教育教学过程的异化。破除"五唯",扭转不科学的教育评价导向,是基础教育发展的当务之急。

习近平总书记曾指出"绿水青山就是金山银山"。"两山"重要思想不仅是生态环境保护工作的重要指引,也是教育事业科学发展的理论武器。新时代推进教育评价改革,应以生态文明思想指导地方政府端正教育政绩观,树立生态取向的教育质量观,指导教育的科学发展与学生的健康成长。

正确地理解教育质量,构建科学的区域与学校教育评价体系,遵循教育质量形成的规律,促进区域教育公平与质量提升,优化促进学生成长的环境与机制,必须要从生态取向的教育质量观的建构切入,指向优化教育生态的评价实践。

生态取向的教育质量观的内涵

教育质量观反映的是人们对"什么是教育质量""如何反映教育质量""教育质量是如何形成的"等根本问题的认识,是观念层面的一种确立,甚至可能转化为个人信念而持续、强烈地影响其行为实践。

"生态取向"是指从环境生态的视角观察事物,分析事物成长发展的机制,它关注系统中要素之间的结构关系与相互作用。从宏观看，生态取向的教育质量观旨在提高区域教育治理水平，促进区域教育公平与质量提升；从微观看，它要优化促进学生成长的环境与机制。

1."三维质量"：区别理解不同层面教育质量的实质

什么是教育质量？"直接以学生考试分数、升学率作为区域或学校教育质量的标志"是狭隘和不科学的。它忽视了不同层面的教育质量的实质区别，过度强调了结果在评价中的权重，而忽略了优秀的结果源于良好的过程。教育部等六部门 2021 年印发的《义务教育质量评价指南》包含县域义务教育质量标准、学校办学质量标准和学生发展质量标准等三方面的评价标准，寓指了区域层面、学校层面和学生层面的教育质量的内涵的区别。浙江省于 2011 年最早提出，并于 2019 年逐步完善的"三维质量"（结构型质量、过程型质量与结果型质量）评价恰是对这三个层面的教育质量的实质的差异概括。

科学理解教育质量须有三个维度的结合，不同层面的教育质量的主要责任也有所区别，由此我们构建了"三维质量"的分层承责模型。

结果型质量。反映学生学习结果与进步情况，包括学业表现、品德行为、学习品质、身心健康等方面的发展水平。学生须为自己的结果型质量负责。

过程型质量。反映学校实施课程的水平与活力，包括教学管理、教师教学方式、教师专业发展以及学生学业负担等学校教育过程的情况。学校是过程型质量的主要承责方，以科学有效的过程促进师生共同成长。

结构型质量。反映区域内教育资源配置的科学性与合理性、各类教育的协调发展以及发展状态的可持续性。区域层面的主要责任在结构型质量，要以合理的结构支持内部各要素的协调和可持续发展。

2."生态意识"：重视系统要素间的结构关系的新质量观

教育生态必定是一个复杂系统。复杂系统一定不能采用简单化的评价。所以，教育发展须强调"生态意识"与"结构思维"，着眼于长远意义的可持续发展，切忌短视与功利；须重视系统内部的结构优化，切忌割裂与片面。

反思当下的教育评价，其症结在于片面追求结果型质量，忽视结构型质量和过程型质量对提升结果型质量的制衡作用，以及对系统整体发展的根本支持与长远影响。要破解唯分数、唯升学问题，扭转教育评价导向，须从区域教育质量评价改革入手，从结构的视角看区域教育发展，从过程的视角看学校办学质量。对于区域来说，学生发展质量、学校办学质量只是其工作成效的局部，而区域教育质量评价的核心在地方政府的教育治理水平。

生态取向的"三维质量"强调区域教育结构型质量的重要性，重视教育的均衡、公平与优质，重视学校教育教学过程的规范与活力。这一综合的质量描述，明晰了不同层面教育质量的区别，强化了三个层面教育质量的内在关联，体现了党和国家促进共同富裕，解决教育发展的不平衡不充分问题的意志。

3."四个关注"：关注质量形成过程及机制的新质量观

教育质量是如何形成的呢？受上海"绿色评价"的启

发，我们在教育质量综合评价监测中发展构建了"学生发展 + 成长环境"指标体系，研究多元环境系统对学生成长的影响机制，以"四个关注"丰富与完善了结果型质量、过程型质量的内涵，体现优化成长环境、促进学生全面发展的总体精神。

（1）关注学生全面发展，努力克服唯学业的评价惯性

以往人们对全面发展的认识，更多地着眼于学生德智体美劳诸方面均得到较好发展。但我们在关注学生五育诸方面协调发展的同时，亦关注它们相互之间的促进关系。特别注重学生实践能力、信息素养的进步；关注学生自我认知、人际关系等心理健康状况；聚焦体育运动、劳动实践等对学生责任感和行为习惯发展的促进。

（2）关注学生学习品质，聚焦影响学生学习与成长的关键要素

在研究中我们发现，学生学习品质、学业水平、教师因素、家庭因素之间存在错综复杂的影响关系，学习品质是影响学生学业发展的重要中介变量。要让教师教学方式与师生关系转化为成绩提升的推力，必须借助学生学习品质提升这一"中间桥梁"。所以，要引导教师从只专注于知识传递与强化练习，转移到学生学习动力的激发、学习习惯的养成和学习策略的提升上。

（3）关注学生成长过程，基于成本与效率分析研究科学减负

学业负担是学生面对学习任务与环境的一种消极体验。尽管人们多以学生作业时间、补课时间与睡眠时间等学习投

入变量描述学业负担，但主观负担感受才是影响学生学习与成长的关键变量。它与学习投入有关，但不同学习者个体的负担阈值（耐受力）不同。减负更应重视学生的学习体验，防止其消极化。

（4）关注影响学生成长的环境因素，揭示不同实践主体对学生成长的影响机制

要从家庭、教师、学校与区域等层面研究影响学生发展的因素，探寻学生进步的机制；关注教师工作体验与教学品质，分析学校管理活力与教学管理风格对教师专业发展的促进，改变对区域与学校教育质量的评价思路。

"四个关注"既是结果型质量的发展，也包含学校过程型质量的要点。它聚焦环境因素，关注过程促进结果的机制，指导优化成长环境以促进学生全面发展的实践，体现了生态研究的视角。浙江教育质量综合评价改革正是生态取向的教育质量观形成并落地的具体行动。只有端正了教育质量观，才能护航"双减"，促进教育真正回归育人。

生态取向的教育质量观的实践落地

"三维质量"的思想萌芽可追溯到 2005 年的台州高考质量分析，关于这个思想的文章最早发表在 2011 年的《基础教育课程》，其理论完善与实践落地主要发生在近十年的浙江中小学教育质量综合评价改革中。以下按照实践进展的时序介绍结构型质量、结果型质量与过程型质量的具体指标反映，呈现生态取向的教育质量观实践落地的思路。

1. 以结构型质量描述区域教育均衡发展与教育公平
状况

2018年，我们提交的《以生态文明思想指导地方政府
端正教育质量观的建议》被民盟中央参政议政成果录用；随
后在《教育发展研究》上发表《构建以教育生态为核心的区
域教育发展评价》一文，提出破解"唯分数""唯升学"难
题的建议，为结构型质量的实践作了理论建构。

2020年，基于综合评价监测的数据，我们构建了"三
维质量评价"的分析框架。当时以学生学业表现与学生学习
品质作为结果型质量的主要因子；以学校教学管理与教师教
学方式作为过程型质量的主要因子；以结构型质量为区域义
务教育质量评价的关键指标，由三组不同群体的发展质量的
差异程度来描述，具体包括城区公民办学校的差异度、城乡
公办学校的差异度、富裕家庭子女与贫寒家庭子女（家庭社
会经济地位前1/4与后1/4的学生群体）发展的差异度，分
别反映区域内公民办教育的协调发展、城乡教育的均衡发
展，以及区域教育公平的状况。

结构型质量有很强的政策导向效力。对规范义务教育阶
段民办教育，加快推进区域教育优质均衡发展发挥了很好的
引导作用。通过基于各县（市、区）结构型质量绘制的热力
图对部分地区发出预警，揭示区域教育发展的结构性问题。

浙江省教育厅将结构型质量纳入县域教育生态监测与教
育现代化水平监测，分项呈现各地教育优质、均衡、公平发
展的状况。聚焦结构型质量的区域义务教育质量评价，明确
传达国家促进教育公平与质量提升的精神，引导地方克服唯

分数的惯性，维护教育生态，是浙江教育评价改革的重要创新。

2. 以"健康发展学生"引导提升"生态意义"的结果型质量

当前，在基础教育阶段，不正确的教育质量观相当普遍。具体表现在：重文化学科，轻全面发展；重学业分数，轻学习品质；不惜增加投入，忽略过程成本；强化横向比较，缺乏机制诊断……。如何构建体现"生态意义"的结果型质量，以引导区域与学校端正办学导向，要从机制层面探寻对策。

《义务教育课程方案（2022年版）》提出：义务教育课程应遵循"全面发展，育人为本"的基本原则，要"确保'五育'并举，促进学生健康、全面发展"。我们将学生健康发展作为义务教育的基础要求，让尽可能多的学生达到"健康发展学生"的标准。2022年，我们以学业水平、学习品质、体质健康、学习体验四方面的综合表现来界定"健康发展学生"，提出"好学生"的一个新标准。

我们应平和理性地对待学业分数，不能无限追求学业成绩的横向比较。学校教育的责任在于保障每一名学生合格，并鼓励更多的学生挑战优秀。所以，我们将测试学科均合格作为学生"学业好"的标准；从学生是否具备主动学习的态度、拥有良好的学习习惯、掌握适切的学习方法等三方面衡量学生是否学会学习，评价其学习品质；主要选取学生体育测试总评成绩合格以上且身体质量指数（BMI）正常作为体质健康衡量指标。2022年，样本年级小学生的各科学业均合格比例为 84.2%；学习品质较好及以上的比例为 74.2%；体质健康达标比例为 75.9%。

达到"健康发展学生"标准的学生应是身心均健康、积极求上进的。学生的心理健康是其学习生活体验沉淀后的稳定表现状况。其标准不只是有无心理疾病，还应关注学生是否具有积极的心理品质及生活态度。所以，我们以主观幸福感来反映学生的学习体验，小学生主观幸福感较好及以上比例为 73.8%。

2022 年，虽然各科学业均达标的小学生的比例为 84.2%，但综合学业水平、学习品质、体质健康与主观幸福感等四方面指标均达标的"健康发展学生"的比例却只有 41.8%。2023 年，各科学业均达标的初中生的比例为 84%，但同口径的"健康发展学生"的比例仅为 28.6%。我们以"健康发展学生"比例替代以往的学业达标率、优秀率，来衡量区域或学校的学生发展水平，同时公布各地未成为"健康发展学生"的各科学业均达标学生的缺陷指标的分布，引导各地抓住主要矛盾，科学诊断实践问题。

2023 年，我们还采用心理健康量表，探索替代相对主观的学习体验调查工具，以更好地反映学生身心均健康的成长目标。

3. 以关键指标综合描述的过程型质量引导学校科学提高办学质量

学校是一个复杂系统。它是由一群教师与一群学生组成的集体。在学校中发生的促进学生成长的活动更是一个复杂系统。任何单一的数据量都无法描述生动活泼、形态多样的师生实践。"将复杂问题简单化"是管理的一般原则，但依赖"简单化"的手段，满足于"简单化"的控制恰是管理的迷失。今天，不少地方将区域性统考作为评价学校的主要依据，学校以频繁统考排名作为提高教学质量的主要手段。但过度重视考试分数，强化校际横向比较，简单采用压力驱动的管理机制，消极影响巨大。改革学校办学质量评价机制迫在眉睫。

如何评估学校育人实践这一复杂系统的运作水平？2023 年，我们基于综合评价数据，从关键指标切入，探索从不同维度进行以学校为单位的聚类分析或分组分析，以多维归类的方式对学校办学质量（特点）进行描述性评价，构建了过程型质量的分析框架，进行学校与教师的综合评价。

（1）学生层面的质量反映

在学校办学质量评价中，不可能完全回避学生学业发展水平的评价，但千万不能简单直接地引入考试分数的横向比较。我们引入三项评价指标：一是采用"健康发展学生"比例，将学业进步的"源"（学习品质）与"衬"（身心健康）较好地结合进来；二是通过学生客观学习投入与主观负担感受的二维归类分析，更真实地呈现学生学业负担状态，体现对质量形成的过程与成本的关注；三是通过"学科学习效率"（学科学业成绩除以作业时间）将综合考虑过程成本的视角进一步凸显出来。

（2）学校综合评价与教师层面的质量反映

2020 年，根据综合评价的 24 个指数对样本学校进行聚类分析，发现学校发展主要有四种类型，据其特征，可命名为均衡发展型、高分重负型、欠缺活力型、整体薄弱型。再从各类学校的特征出发，探索学校教学与管理改进的精准施策。我们可以以各地学校的归类分布来描述反映该区域学校教学管理及发展的状况，根据各类学校占比与常模的差距可以进一步探寻教学管理的改进对策。

2023 年，我们根据职业感受、工作压力与工作时间分配，进行教师工作状态的聚类分析，具体分为专注教学型、从容积极型、忙碌消极型、事务牵制型等四类；基于对教师教学方式等的分析，从认知卷入与情感卷入的角度进行教师教学品质的聚类分析。各区域与学校都可以了解本地本校各类教师的分布比例及与常模的差距。

这种基于聚类分析的分类占比的综合描述是过程型质量的主要反映方式。这是面对复杂系统的评价方法的有益探索，可能具有突破意义。

（3）从教育的社会意义看质量

国际上通常采用学生抗逆率来评价区域教育公平的水平，评估学校教育在帮助学生克服因家庭社会经济地位的制约而实现学业逆袭中的贡献。这是教育的社会意义的体现。我们也尝试引入这一指标来冲抵生源掠夺的消极影响，激励平民教育的积极努力。

目前一些地方基于用户思维，采用家长满意度调查的方式来综合评价学校或区域的教育服务质量。但"办人民满意的教育"不等于"办家长满意的教育"，我们还应兼顾学校教育的另两个重要群体。所以，从 2020 年起，我们尝试综合家长满意度、学生满意度与教师满意度的调查结果，以

"人人满意学校"引导更公允的学校教育的社会评价，并将之也纳入过程型质量评价的框架中。

引入过程型质量的评价，既有效避免了学校为分数不惜代价的办学方式，成为学校检视自身办学情况，提高育人质量的重要参照；又扼要揭示了学校育人实践与师生共同发展的关键机制，成为推动学校从"控制性管理"向"指导性管理"转型的方法指引。

浙江中小学教育质量综合评价改革的十年实践呼应了《深化新时代教育评价改革总体方案》提出的重点任务，系统提出了生态取向的教育质量观，并成功付诸实践，试图"从根源上系统破解教育评价难题"。我们将继续锁定优化教育生态的方向，完善以结构型质量为关键指标的区域教育质量评价体系，探索以过程型质量为核心的学校办学质量评价，坚持应用体现"健康发展理念"的结果型质量，促进学生全面、健康发展。

（本文发表在《人民教育》2023年第18期，是获基础教育国家级教学成果奖一等奖的《优化教育生态：教育质量综合评价改革的省域实践》的述评，也是关于"三维质量评价"阐述最完整的一篇文章）

以"结构型质量"评价
促进区域教育优质均衡发展

2020 年 10 月，中共中央、国务院印发《深化新时代教育评价改革总体方案》（简称《方案》），就改革党委和政府教育工作评价、推进科学履行职责提出 3 项改革任务，特别强调各级党委和政府要坚持正确的政绩观，坚决纠正片面追求升学率倾向。

《方案》旗帜鲜明地提出"坚决克服短视行为、功利化倾向"的要求，明确"三不得一严禁"，并将对教育生态问题突出、造成严重社会影响的，依法依规问责追责。这些关于评价问题负面清单的表述，反映了党中央改革区域教育发展评价、革除地方教育管理弊端、恢复良好教育生态的决心。

新时代推进教育评价改革，必须聚焦区域教育质量管理难题，以生态文明思想指导地方政府端正教育质量观，构建以教育生态为核心的区域教育发展评价体系，按照"健全综合评价，改进结果评价，强化过程评价，探索增值评价"的思路改革区域教育发展的评价。

以"教育健康体检"全面描述区域教育发展的状态

2013 年，教育部启动中小学教育质量综合评价改革，通过品德发展水平、学业发展水平、身心发展水平、兴趣特长养成、学业负担状况等 5 个方面 20 个关键性指标，建立一套全新的"绿色评价"体系，以切实扭转评价学生只看分数、评价学校只看升学率的倾向。这一改革是新时代教育评价改革的前奏。变单一评价为综合评价，从唯分数走向全面发展，是基础教育新的"指挥棒"。这一指标体系看似关于学生综合素质发展的评价，其实是区域教育发展的"健康体检"的框架。它引导中小学教育进入"绿色 GDP"时代。

浙江省在这一框架的指引下，构建起中小学教育质量综合评价指标体系。要从"五育"并举的高度，重视学生的全面发展，描画学生品德行为、身心健康、兴趣特长和劳动实践等方面的进步；不仅要重视学生学业达标情况，还要有高阶学习、学习品质、实践创新等方面的系统关注；要从教师、学校、家庭以及区域等方面评估成长环境对学生发展的影响；重视师生关系、同伴关系、亲子关系以及学生体验与负担感受等的分析，研究学生学业负担状况与心理环境的安全性。

教育是一个复杂系统。"综合性"是教育评价的重要特点。区域教育发展评价既要在评价目标、评价内容、评价方法、评价结果运用等方面体现综合性，还要将学生发展评价与成长环境评价相结合，形成改进教育教学的综合对策。

以"结构型质量"引导区域教育优质均衡发展

"维护教育生态，走向优质均衡"是区域教育发展的目标。但长期以来，一些地方仍将高考一本率、"清北数"、中考高分人数视作区域教育质量的标志，热衷于显性指标的横向比较。但这只能代表部分尖子学生的表现。只聚焦这些"结果型质量"常会掩盖区域教育发展中的机制性问题，没有以"均衡"为基础的"优质"难以持续。

浙江省构建了反映区域教育优质均衡发展状况的"结构型质量"，以此来替代纯粹结果的评价，探索以教育生态为核心的区域教育发展评价，促进教育系统内部的均衡协调发展。可以以城区公办学校与城区民办学校在学生发展、学校教学管理和教师教学方式等方面的差异度来评估公民办教育的协调发展；以城区公办学校与农村公办学校的差异度来评估城乡教育的均衡发展；以贫困家庭子女与富裕家庭子女在学业发展上的差异度来评估学生学业成就与家庭社会经济地位的相关性，反映区域教育的公平度。将这些差异状况综合起来的"结构型质量"，可以反映某一区域教育均衡发展的水平。

为了实现对高水平均衡与低水平均衡的有差别导向，还可以将各地学业水平中等率或后进率转化为调校系数，结合到"结构型质量"的计算中，以综合反映某一区域教育的优质均衡水平。

"结构型质量"成为区域教育质量结果评价的新要点，突破了以往教育评价仅仅聚焦"结果型质量"的局限，有利于引导区域教育政策与实践更好地面向全体学生、促进全面发展、优化教育生态，制止当前部分地区功利驱动的"逆向决策"。

以分项等级的描述性评价促进区域教育发展

区域教育管理中存在三种"质量"。一是"结果型质量"，反映学生个体的学习进步情况；二是"过程型质量"，反映学校的课程实施与教学管理的水平；三是"结构型质量"，反映区域内教育资源配置的科学性与合理性，以及各类学校发展的均衡态势。综合体现区域教育质量的"结构型质量"并非孤立评判生成的，浙江省采用由不同群体的"结果型质量"与"过程型质量"的差异度来量化评价。前已述及"结构型质量"与"结果型质量"，以及以前者替代后者作为区域教育发展评价的意义与理由。

科学合理的"结构型质量"与良好的"过程型质量"是体现全面发展的"结果型质量"的基础。强化过程评价，须建立关于学校层面的"过程型质量"的观察、分析与反馈体系。

评价的目的不是证明，而是改进。新时代的教育评价须从"重结果"转向"重过程"。区域层面须通过对学校教育教学及管理的观察与评价以及对区域管理过程的评估与反思，诊断学校与区域在教育教学及管理过程中存在的问题，发现实践经验，形成指导区域完善学校管理与评价的科学决策。

教育质量评价在本质上不应是区分性的评价，而应是指导性的评价。旨在诊断与改进的评价，须弱化以往政绩考核常用的总分累计和横向评价的做法，根据评价内容的不同性质，采用分项等级的形式描述评价区域与学校的质量状态，以便于被评价者积极地理解与运用评价结果。

采用分类评价与发展性评价传达积极的力量

评价的最终期待是向被评价者传达积极的力量，无论是发现经验，还是问题诊断，都应让被评价者感受到方向和激励。但任何区域与学校都有不同的背景，其质量自有长期发展形成的过程。片面地采用统一标准的横向比较，对多数地区与学校的影响是消极的。探索增值评价的意义在于以发展性评价的思路，激励每一个积极进步的个体。

新时代教育评价改革须变横向比较为纵向比较，看趋势比增量。在崇尚排名施压的管理评价氛围下，往往只有三分之一的被评价者能感受到积极力量。但当评价关注转移到被评价者与其历史的比较时，被评价者会感受到无可推卸的责任，并打开努力作为的空间。在某些区域，公办教育与民办教育的差异很大，当然这也是历史形成的，评价的重点应关注公民办教育差异是否在缩小，同时底部是否有抬高。

新时代教育评价改革须变统一评价为分类评价，尊重区域与学校的实践背景，以差异化的标准形成对不同类型评价对象的分别激励。对于城市化程度不同的县（市、区），区域教育发展评价的制度设计应有所不同，区别考虑。特别对于城乡学校，不少地方简单化地采用区域性统考和排名，挫伤了大部分农村学校的积极性。要分类制定努力可及的评价标准，引导城乡学校尽己所能地进取。

（本文以《浙江评价改革从区域层面破题》为题发表在《中国教育报》2020 年 11 月 10 日）

教育评价的"对象立场"

2020年10月，中共中央、国务院正式印发《深化新时代教育评价改革总体方案》。这份纲领性文件突破了以往仅讨论教育系统内部的学校评价、教师评价和学生评价的情况，而改从社会系统的五大主体来思考教育评价改革。特别是增加了对地方党委政府的教育工作的评价、对社会用人的评价两方面，抓住了"五唯"顽瘴痼疾的要害，置身于社会系统来改革教育评价，意义更显重大。

不过，教育评价活动中必然存在评价者与被评价者的互动关系。对照文件可以将主要的教育评价活动分成四个方面：一是区域教育评价，即上级党委政府对下级党委政府教育工作的评价、地方党政部门对教育行政部门的评价；二是学校评价，即教育行政部门对学校的评价；三是教师评价，即学校对教师的评价以及教育行政部门关于教师的评价；四是学生评价，即教师对学生学习与成长过程的评价，教育系统关于学生的评价以及社会系统通过选人用人体系而体现的对学生的评价等。

那么，评价究竟为了谁，又是为谁而评价？这是评价改革绕不过去的重要问题。在人们通常的认识中，评价是服务于评价者的一种管理手段。不过，评价更重要的是要服务于被评价者。它应是促进评价对象进步的重要方法。我们应重视教育评价的"对象立场",站在被评价者的角度来思考评价目的、设计评价内容、组织评价实施和运用评价结果,要以促进被评价者的发展为核心要义。

重视"对象立场",必须体现评价目的的端正与科学性。这也是《方案》将立德树人成效作为学校评价根本标准的理念基础。深化教育评价改革,要以改进与完善教育活动,促进青少年更好地学习与成长为旨归,要从较多地依凭评价来控制转向通过评价来促进,要从重在甄别与选拔转向诊断与改进,防止过度采用横向比较而导致无端的焦虑与"内卷化倾向"。

重视"对象立场",必须体现评价结论的善意与建设性。教育评价必然是某一教育价值观的反映,即便现实有妥协与折中,也必然是水平、层次和是非分明的判断。其初衷必须是善良的,其触感必须是温暖的,其表达应该是建设性的。学生评价须坚持"学生立场",有利于学生健康发展;教师评价要有"教师立场",有利于教师更好地教书育人。作为评价者,务必谨记"非伤害原则",让尽可能多的被评价者感受到积极的力量。

重视"对象立场",必须体现评价标准的多元与适切性。值得注意的是,如果只有一个标准,却要体现"对象立场",这是非常困难的。评价标准应体现一定的刚柔相济。《方案》指出,要遵循教育规律,针对不同主体和不同学段、不同类型教育的特点来开展评价。譬如公民办学校、城乡学校以及普通学校和进城务工人员子弟学校就不应整齐划一地评价，而是要通过制定多元化、差异化的评价标准来提高评价内容对于评价对象的适切性。

重视"对象立场"，必须体现评价要求的底线与原则性。不是将"对象立场"误解为对评价对象的迁就或迎合，而是更要强调对其的责任要求，引导评价对象更加专注地履行职责使命。学生应追求科学成才、全面发展；教师须践行教书育人，身正为范；学校要改进教学管理，通过正确的教学方式促进师生发展；地方党委政府则要坚守正确的政绩观，坚决纠正片面追求升学率倾向，维护一方教育生态。所有的评价者，都不能迁就当下评价技术的局限，而在功利导向的路上"为虎作伥"。

重视"对象立场"，必须体现评价导向的坚持与方向性。评价者要坚持对教育实践本质的追求，遵循教育发展的规律，促进被评价者由内而外地发展。必须警惕的是，评价者往往容易被一些假象的进步所迷惑，对于一些不计成本、不论路径而取得的结果缺乏鉴别力，甚至以为这样的结果是评价的成效而沾沾自喜，从而助长了一些逆向的决策措施，导致教育生态的破坏。当评价被过度依凭后，无论教师还是学生的努力都会从内驱变为外驱。然而，内在动力是无比"金贵"的，丧失内在动力是极为隐蔽的破坏，其对人的终身发展的影响更为"致命"。表面的繁荣所掩盖的可能是不堪的脆弱。教育评价如何在方向上坚持本质，在方法上遵从规律，在力度上恰如其分，极考验智慧。

深化新时代教育评价改革的号角已然吹响。教育评价改革，不是一场短时的攻坚战，而将是一场旷日持久的拉锯战;既不是少数人就能改变的局面,更不是一时加大力度就能完成的事业。它考验全体教育人对初心的坚守、对现实的警醒和信念的坚持,更考验整个社会对教育规律的认识与尊重,以及静待花开的耐心和定力。

有一句著名的话"Don't prove, improve",意为"评价最重要的目的不是证明(prove),而是改进(improve)"。这是评价者容易忽视却十分关键的意义把握。这也正是教育评价的"对象立场"的哲理。它看似微不足道,也不紧急迫切,但却牵住了教育评价落地的牛鼻子,直接指向了教育评价改革成功的本质。

(本文发表在《中国教师报》2021 年 3 月 10 日)

|3|
考试评价的反思与回归

2021 年 8 月，教育部印发《关于加强义务教育学校考试管理的通知》。我在学习文件后第一时间撰写了《让被异化的考试"反身"回归》，作为个人的理解体会，发表在《人民教育》上。它与此前发表的《"月考"批判》与《统考"批判"》共同构成关于区域与学校考试管理的反思与建构。

反思当前的学生学业评价，过度关注考试分数、过度依赖纸笔测验、过度采用横向比较、过度聚焦尖子学生。我们必须承认基于过度复习的应试学习的成绩并无意义，必须承认依靠熟能生巧得来的分数未必值得采信，必须承认过早的横向比较对于男生的消极影响，必须承认只凭纸笔测验、只盯标准答案的学业评价对学习的不当导向。《等待男生》和关于"素颜考试""游园式考试"等四篇文章分别从评价结果运用、评价方式、评价时机等视角，提出改进学生学业评价的建设性方案。与其说这是对学业评价的反思，还不如说是关于评价与学习的共同反思。

等 待 男 生

　　一次聊天时，一位朋友谈及当前大城市的一种社会现象——优秀女性的婚姻问题。确实，在当下的大城市中，有不少受教育程度较高、自身素质较为优越的女性在择偶方面出现困难，因为在社会的白领人群中，女性所占的比例正在增加。在人们一般的择偶观念中，女性应该找比自己更优秀的男士。然而，举目望去，与优秀女性相当的青年男士相对较少。在肯定社会文明程度提高的同时，我们也在奇怪，为什么会出现这样的现象呢？

　　闲聊之际，笔者提出一个"谬论"：优秀女性婚姻问题的背后可能是基础教育的评价问题。

　　从生活经验看，女生、男生各有其发展的规律，在生理、心理方面存在发展的差异性、不平衡性、阶段性特点。可是，在今天的小学中，教师常常让女生与男生考同一份试卷，考完了还要排名次，这可能不太公平。

　　在男女生的心智成熟水平尚有较大差距时，频繁采用相对评价，强势应用相对评价的结果，会导致男女生在早期教育阶段就迅速分化。更为严重的是，不少男生等不到懂事，便因落后太多而被提前淘汰了。因为评价技术与教学方式的原因，学校存在着"用教女生的方法教男生"的倾向。在这种细致比思维更重要的测验中，女生已有一定的优势，再加上小学阶段过早、过频的相对评价，便使能笑到中学毕业的男生的比例持续下降。

据教育部 2012 年公布的统计数据，全国在校女大学生超出男生 64 万，而 15 年前女大学生比男生少 79 万。从出生人口性别比看，全国男生总人数肯定要比女生多，但女大学生却明显比男生多。《钱江晚报》曾对一所初中的毕业升学情况作过个案调查，2013 年该校近 300 名初中毕业生中，有 101 人参加中考，结果考进普通高中的男女生之比约 4∶6，而另外直升职高的学生中，男生却是女生的近 2 倍。此时，中考升学已成为男女生的一个"分水岭"。近年来，这种现象有进一步加剧的倾向。

根据 2018 年浙江教育质量综合评价监测关于小学生学习品质的数据，从学习愿望看，从高到低依次是县城女生、县城男生、城市女生、城市男生、农村女生、农村男生，县城与城市学生差距很小，而与农村学生之间差距较大；从学习体验看，从高到低依次是县城女生、城市女生、农村女生、县城男生、城市男生、农村男生，体验最好的县城男生也不如体验较差的农村女生，说明小学阶段存在着较为严重的"男生抑制现象"。

作为教育人，需要思考在义务教育阶段，是否存在机制性的原因在促使学业分化，乃至影响学生生涯发展的性别分化？原因当然是多方面的，但是基础教育评价在评价技术、频次与结果运用等方面的消极影响不容忽视。这些现象的背后，最重要的是对孩子权益的无视，是将成年人的虚荣寄托在孩童的付出上。

温州市实验中学的校训中有一个词叫"等待"，我非常认同。教育的原则是什么？是等待与帮助。当然，这一"等待"绝不是"消极的等待"，而是积极创设环境，唤醒并鼓励孩子成长；这一"帮助"也不是"强势的提拔"，因为只有内在的发展，才能是持续和健康的进步。

男孩的教育确实需要更为大气的等待，等待成熟，等待理解性学习的发生。女孩的学习与成长也同样需要等待。

包括家长在内的很多成年人都难以从容地等待孩子，这是因为功利追求"急火攻心"。家长期待孩子给自己争光，许多职场上的成人希望通过孩子的努力和成绩来创造自己的业绩，但他们忽略了孩子稚嫩的双肩能否荷承，忽略了正常的产出也须有孕育。

我们是否应该检讨、反省那种将成年人的业绩寄托在孩子身上的评价机制。今天，我们已经为曾经过度使用"选拔之剑"而遭受报复了。一个良好的生态与结构破坏容易，重建难。

（本文以《等待孩子》为题发表在《基础教育课程》2014 年第 13 期，收入本书时补充了关于小学男女生学习品质的有关调查结果）

探索多维学习目标的真实性评价

——从"游园式考试"谈开去

在不少地方把加强文化课统考统测作为提高"教学质量"的重要手段的背景下，浙江省教育厅于 2014 年初下发了《关于完善和规范义务教育阶段学校区域性学科"统测"工作的通知》，要求各地控制"统测"次数，优化"统测"的内容与方法，特别强调小学一至三年级禁止任何形式的"统考统测"。停止"统考统测"，减少纸笔测验，让学校自己组织考试，这大大地激活了基层学校关于评价的实践智慧。小学低年级"游园式考试"在这一时期又活跃起来。

初次接触小学低年级的"游园式考试"，首先被其"快乐考试"的主张所感染：不会让孩童因为考试而失去学习兴趣，要让孩子感觉到学习并不困难，而且饶有兴趣。

当然，"游园式考试"的意义不止于此。这一新近悄然推广的"新型考试"的背后蕴含着诸多的教育意义呢！

在真实情境中考查学生运用知识解决问题的能力

与以往的纸笔测验相比较，这种"游园式考试"的实质是一种实践任务评价，即在体现儿童特点的情境化的任务中，通过观察学生综合运用所学的知识对外办事、解决问题、完成任务的过程的表现，进行学生的学习评价。它的出现，可以视为对纸笔测验的局限性的一种"揭露"，更主要的意义是对学习评价方式的有益补充。

首先是它体现的"综合性"。成年人将孩子的学习活动分成若干个学科，但"童眼看世界"就是一件综合的事。譬如参与"超市大赢家"活动的孩子既要能用数学来合计自己选择的商品的金额，还要能用语言将自己选购这些商品的意图表述出来，并且基本符合生活常识。这对于孩子的锻炼意义是相当大的。它将促进孩子的学以致用与综合思考。

其次是它体现的"实践性"。我们应该能感觉到我国学生在"解答习题方面"的优秀，但这不能掩盖我国学生在"解决问题方面"的能力不足。这是因为过去的实践中过于依凭纸笔测验，而使学生忽略了实践学习的意义。"游园式考试"是趁着小学低段不宜以纸笔测验为主要评价工具的政策间隙"挤"进来的。但这并不意味着实践性评价仅限于低段。在小学低段，"游园"是一种恰当的形式。随着学生年龄的增长，任务就不能太幼稚，"长作业"就是一种很好的变式。

应该说，"游园式考试"只是开启了评价探索的"窗口"，它不是评价改革推广的简单经验。它试图让综合实践活动的理念与考试评价相结合，促进学科综合性学习的常态开展，把转变学生学习方式的意义"化"在评价中。

探索多维学习目标的真实性评价

在初次接触时，人们不免会被这种"寓考于玩"的评价创新所打动。但要让这种"游园式考试"真正实现学业评价的功能，必须重视评价活动或评价项目中蕴含的学习目标。否则，它就可能只是一次热闹的游戏。

在纸笔测验中，我们要求每题都有对应的检测目标，以之来检验或导向学生的学习。但纸笔测验的局限是只能对认知、记忆等能通过纸媒来体现的学习目标进行考查，而对于听说、实验探究等学习目标，便有些无能为力。

"游园式考试"及类似的新型考试的价值，在于对多维学习目标的真实性评价的探索。它意在避免将多维学习目标的评价转化为纸笔测验可能导致的失真。尽管它产生的评价结论不能满足家长或其他人的比较心理，但小学阶段的评价没有形成精准比较的必要，那些迅速发展变化的孩子最需要的是鼓励、包容和等待。真实的描述比统计化的数字更重要，帮助孩子改进比横截性的比较更重要。

重建以过程性评价为主的学业评价体系

目前，有家长对学校不再组织期末考试表示忧虑，因为人们习惯以期末考试的成绩来作为学期学习的评定。但一纸期末试卷能够寄放如此完整的期待吗？现实中的期末试卷的信度都达不到这个要求。

有些教师认为，像"游园式考试"那样的一些新型考试可能是学期末的阶段性评价的"替代"。但我们更愿意视之为"补充"。因为，这样的评价活动的背后必然要有扎实的日常评价作支撑。是可谓"过程评价清晰化，阶段评价适当模糊"。譬如像语文的拼音、识字、朗读、说话等，既难以放进纸笔测验中，也无法完全纳入"游园式考试"。这就需要过程性评价来"保驾"，以一些基于课程标准的、达标意义的、可以重复挑战的测查来保证学生的基础水平。而在低段学生的学业评价描述时，没有必要与孩童"分分计较"。

从中小学教育评价改革的方向看，要重建以过程性评价为主的学业评价体系，扩大过程性评价在整个学业评价中的权重。如何还权于学校、还权于任课教师，不让过程性评价简单走过场，区域性的评价必须有所节制。现实中，因为高利害的区域性评价的切入，瓦解了许多曾经开展得不错的过程性评价。

评价策划：教师执教能力的一个新视野

在调研中，我们真为基层教师的实践智慧所感动。教师们在设计评价目的实践任务中的许多的灵动与创新，反映了他们对儿童特点的研究，以及他们对课程性质与课程标准的把握。

这些评价目的的实践任务与纸笔测验一样，都属于评价工具的范畴，甚至还包括评价活动的构思。我们要整体地看待这些工具的研制，这是既专业又通俗的工作。我以"评价策划"一词来概括之。这是亟待重视的教师执教能力的又一方面。对于小学教师来说，这点尤为重要。

教师的"评价策划"能力包含四个方面。一是联系学习目标，从学科关键能力出发，基于课程标准，确定评价要点；二是研究儿童特点，从儿童喜闻乐见和有利于孩子乐学会学的角度，选择设计评价形式；三是综合任务设计，设计包含学习目标的具体任务（包括纸笔测验的试题），并拟定组织实施的要求；四是评价结果表达，对如何评定，以及评价结果的表述与运用的设想。

在小学阶段的学业评价中，我们不要让教师只成为被评价者，而要让评价成为教师改进教学的一个重要工具，激活他们运用评价改进教学的创造性。建议学校与其把精力放在如何评价教师的制度设计上，不如投放到提高教师的评价素养以及"评价策划"能力的研修中。

（本文发表在《浙江教育报》2014 年 7 月 9 日，其中核心观点以《小学低段"游园式考试"的实质》为题发表在《基础教育课程》2015 年第 21 期）

对“素颜考试”的期待

前几天，一场气势汹汹的寒潮扫掠浙江大地。为了学生的安全，各地学校都放了 3~4 天的“寒潮假”。谁知这次寒潮“雷声大，雨点小”。周一上午，窗外阳光明媚。朋友圈中、网络上开始有家长吐槽“这么好的天气，伢儿居然放假不读书，太可惜了”。也有一些比较勤奋的教师表示担忧：“都快考试了，不临阵磨枪，学生怎么能考好？”各种声音代表着不同的观念，也反映了人们对学习的不同理解。

其实，我对这次“寒潮假”是看好的。用突然休止的方式，强迫原来依赖复习课来应考的学生，改为自主复习模式，这样考出来的才是真实的学习水平。当下对考试成绩越来越看重，在学校的教学时间安排中，花在复习上的时间越来越多，学生为迎接考试而进行的操练学习所占的比重越来越大。过度复习其实已经掩盖了真实的学习质量。打一个不很恰当的比方，考试就好比新娘掀盖头的一刻，姑娘选择浓妆、淡妆还是素颜呢？这次“寒潮假”迫使所有学生都“素颜相向”，期末考试所呈现的就是更真实的成绩。这是这次大寒潮的意外的积极意义。

怎样的成绩是有意义的？怎样的学习才有意义？这两个问题是相通的。当前，在人们不由自主地强化横向比较时，在将学生的成绩与教师的绩效、学校的声誉、领导的职务紧密地联系起来时，学校教育的"妆"越来越"浓"了。学习是一个内部生长的过程，还是一个外部加入的过程？在外在的影响越来越强势的时候，孩子们自我成长的能力与欲望便越来越式微。今天的教学改革在本质上是学生自我成长的唤醒，是学生自主学习的促进，是学生独立学习能力的鼓励。

放假了，有责任心的、自主学习习惯较好的学生自然而然地展开了自己的学习计划。有的不放心的学校，布置了超级多的练习，通过网络紧紧盯着孩子，怕孩子浪费一点时间。一个需要老师与家长紧盯着才能进入学习状态的学生，必然会在外部督促消失时选择离开。今天是因为我们对成绩的过度渴求，而培养了一大批高度依赖管束的学生。几天的"寒潮假"其实是一次体验，让学生体验在外部压力突然下降的情况下，在自然状态下的自我学习与自我管理。这是他们未来走向大学、走向社会的真实状态。

雪景是美丽的，但它终归是要融化的。教师与家长的精细化教导短时是有效的，但学生迟早是要独立的。当学生的分数成为成人世界的"筹码"时，重视"育分"甚于"育人"的现象便不足为奇。深化课程改革进一步强调"立德树人"的根本任务，强调教师从教授转向指导，让以外部塑造、知识灌输为特征的教育转变为以唤醒内心成长、培育学习力为责任的教育。

（本文以《我为这次"寒潮假"点赞》为题发表在《浙江教育报》2016年1月27日）

警惕考试分数的欺骗性

2016 年秋天，可谓是谋求出国留学的青年学生的"滑铁卢"。继雅思考试（IELTS）永久取消 350 名中国考生的成绩后，美国中学入学考试（SSAT）组织方取消了 9 月 19 日在中国地区参加高年级 SSAT 考试的所有 357 名学生的成绩。雅思考试组织方基于充分的证据认定考生"有可能违反雅思考试的规章制度，无法保证成绩如实反映该考生的真实英语水平"，所以取消他们的成绩。这实在是出人意料。

通过熟能生巧得来的分数，可以采信吗？目前在中小学中，由于"题海战术"的泛滥，有多少考试的成绩是真实反映学生水平的呢？它反映的到底是记忆的水平、理解的水平，还是迁移运用的水平呢？我们过去一直默认的成绩，一直以之为"神圣的""公平的"分数，居然被国外考试机构以如此逻辑给否定了。这逼迫我们就考试分数的欺骗性进行认真反思。

他们不采信学生通过"刷题"、背题库等方法所得到的高分。他们认为，这种依靠熟识提高的分数掩盖了学生的真实水平，不能作为录取的依据。但"刷题"、背范文却是今天很多学生日常的学习方法。今天的学生题目会做，往往要以曾经做过为前提，且不以此而愧疚。

试想一下，只会做曾经做过的题目，这样的"会"有意义吗？依靠曾经练习过的题目的熟能生巧而得到的分数，互相比较有意义吗？通过增加复习时间来提高成绩的"前程加速，后程反复"模式有价值吗？但今天有多少中小学正沉浸于这样的竞争而无法自拔。

有一位家长曾讲述女儿从小学高分到初中学业落后的痛苦挣扎故事。在小学阶段，通过强记和训练是可能取得高分的，但不错的成绩掩盖了学生学习方式不当的潜在影响。到初中后，有些学生的成绩会有下滑，因为学科思维要求提高了，完全依靠强化训练已不再灵验。此时，学生应该反思并调整学习方式，才能走出困境。但多数家长并没有意识到这一问题，反而加大作业训练，增加校外补习，于是，问题没有得到及时解决，反而加剧了学生的消极体验。

我们必须反思这些年中被逐渐强化的"凭借重复操练，依靠似曾相识来提高成绩"的错误的学习习惯。在这种"过度学习"的推高下，即便学生面对的试题比十年前难很多，但学生的理解力、思维水平和创造力却未必有进步。

我曾以 2004 年的一道中考数学题"水表读数"为例，调查今天学生的得分率。调查结果让我大跌眼镜。这道当年得分率为 52% 的题目，今天只有 20% 左右的初三学生会做。这道基于真实情境考查小学数学知识点"数的组成"的题目居然难倒了绝大多数的初中生。这意外吗？

我们试想，在当年那 48% 的错答或未答的学生中，有多少学生是因为概念模糊而丢分的？又有多少学生是因为面对陌生情境便一脸茫然而丢分的？十年之后，试卷的难度比当年更大，而面对陌生情境一脸茫然的学生也有增无减。这不意外！因为今天的中小学生，基本上全天候在强化"题海训练"，强化"依靠熟识来提高成绩"的错误的学习习惯。师生们对"题海战术"最习以为常，将"多做题就有好成绩"视作"真理"。

依靠熟识得来的成绩该不该被取消？两次取消成绩后的冷静思考，不能仅仅是备考策略的改进，而是对于有效学习、真实学习的重新拷问。我们必须要认识到，这种纯粹指向分数的"伪学习"的消极意义，对之的承认就是对之的纵容，就是对学习的亵渎。

（本文以《依靠熟识得来的分数该不该被取消》为题发表在《基础教育课程》2016年第1期，收入本书时略有修改补充）

"月考"批判

不知何时开始，在大江南北的中学，出现一种约定俗成的制度，叫作"月考"。也就是学校每月组织一次同年级学生的文化课统考，然后进行全年级的分科排名与总分排名，让学生与班级明确自己在群体中所处的位次，以激励先进，鞭策后进。在20世纪的最后五年，随着计算机应用的普及，"月考"制度被便捷地实施，并成为我们习以为常的教学管理手段。

在一次讲座中，我讲了一个故事。回想孩提时，看父母烧饭真有些佩服。那时候，都还是用柴灶烧饭的。在父母侍弄下，几分米、几分水、几分火、几分钟，喷香可口的饭便出锅了。等我们长大成家后，自己开伙烧饭时，却发现配比和火候还真不太好把握。于是，我们就加强烧饭过程的监控，计划每隔一分钟就能观察评估一下烧饭的进度。烧饭十分钟，锅盖掀九次，最后烧出的却是一锅夹生饭。这可能就是今天的"月考"——一种不惜干扰，甚至破坏"米饭的形成"的过程监控。

用"烧饭"过程中的"频频掀盖"来比喻"月考"，有些滑稽，但也不失形象。其神似的关键在，把教育视为一种产品的制造，把定期观测生产进度作为管理的基本手段。但是在"月考"中，依靠的往往是质量不太稳定的试卷，眼睛紧盯的只是简单的分数，其利用又只停留在班级与学生的横向比较。而且，为了能在"月考"中看到立竿见影的成果，不少教师倚重灌输、"题海"等短期功利的措施，无暇让学生从容地理解与思考。在这样的教学活动中，学生一路被追逼，也许分数还真被逼着提高了，但在这一学习过程中，学生的得失到底孰少孰多？

当然，不同的立场对"月考"的认识是不同的。不少管理者视"月考"为约束与督促教师与学生的重要办法。而教师们的态度却可能充满矛盾。一方面，后方高高悬着"皮鞭"的滋味肯定不好受；另一方面，"月考"又能将自己身上的竞争压力部分转移到学生身上。

"月考"制度之所以能延续下来，其背后自然有相应的认识与观念。

首先是盲目地相信考试。在国人的观念中，考试是公平的，甚至是唯一公平的，因而过度地依赖纸笔测验。不论试卷是否遵守课程标准，不论试卷的命题立意是简单记忆还是理解运用，凡是考试得分，大家都认可，都接受，都可以信之为依据。表面上，这是合理的。但其前提是试卷是合格的，而现实中合格的、能科学评鉴学生学习的试卷却是相当少的。

其次是简单地崇尚高分。我们总以为高分者比低分者优秀，而且分数越高越好。殊不知，98 分的学生与 95 分的学生未必就有差别。可能两个月后，依靠短时记忆而考 98 分的学生忘掉得更多，因为其学习路径不太正确。也可能 98

分的学生投入的学习时间是 95 分的学生的 2 倍，他为得高分所舍弃的许多以后将无法挽回。这种学习代价并没有为人们所注意。

最后是畸形的排名文化。人们总喜欢将学生按成绩进行排队，表面上是让学生知己知彼，知耻后勇，但这也使相当部分的学生失去学习兴趣。人们总喜欢按学生成绩给教师排队，甚至与教师的收入相联系，表面上这是打破大锅饭，激励先进，鞭策后进，但这让越来越多的教师用"白眼睛"看待学习成绩落后者，让教师群体变得竞争有余，合作不够。这种排名文化的实质就是"发动群众斗群众"。它不是真正的促进学习、完善学习的手段，而是强化外在评价，逼迫内在学习的"变形"。

批判和反思"月考"制度，必须站到促进学习的立场。评价的目的首先是诊断，而不是催逼。

（本文发表在《基础教育课程》2014 年第 9 期）

统考 "批判"

又值期末，许多学校的教育教学活动一下子发生了很大变化。教师如临大敌地调整了课堂风格，多发几张试卷，少些文体活动，因为期末全县要统考，考试结果事关学校与自己的声誉与利益。虽然学期结束的确需要一次考试，了解学生的学业进展，诊断学生的学业不足，但每学期的期末考试是否都需要全县统一呢？这是一个值得研究的问题。在不少地区将区域性统考视作提高教学"质量"的必需方法时，我们应该透视这一管理行为的实质。

区域性统考的目的是什么？通过统一的纸笔测试，形成学生、教师以及学校之间的横向比较。从积极方面看，它能统一学习要求，帮助学生了解相对位次，让学生知耻而后勇；它便于形成上级对下级的控制与指挥，统一步调，聚精会神。但细细剖析"统一""纸笔测试"和"横向比较"这三个关键词，我们又会看到此中的"漠然"与"无视"。一是无视学校基础的差异，频繁采用统一要求来考量，既"捆缚"了基础较好的学校的"手脚"，又逼迫基础薄弱的学校拔高要求；二是无视纸笔测试的局限性，将学生的学习成长简单聚焦到文化课的考试上，聚焦到记忆性的学习上；三是无视不同个体的激励需要，一律采用相对名次来形成催逼压力，对于领先者的影响可能是夹杂着焦虑的激励，但对于落后者的影响则主要是打击。

区域性统考只是一种管理的做法，它看似具有行政作为的积极表现，但这一做法背后所隐藏的思想与逻辑却是消极的，甚至是破坏性的。

作为一种管理行为，区域性统考是典型的简单化的管理方法，它促使人们窄化理解"质量"，将学校、教师与学生之间复杂的教育教学活动归结于简单的学业分数，极易导致学校育人工作的"短路"；区域性统考是专业自信缺乏的控制性管理，因为管理者对教育教学过程没有把握，缺少专业指导的智慧，只好选择"压力传导"的策略；区域性统考是一种结果导向的管理行为，助长了不论路径、不计成本、不顾规则地谋取高分的做法，成为"政绩思维"在教育管理中的集中体现；区域性统考本质上是下移责任的"懒政"行为，通过加强横向比较，在教育活动中推行工业化生产的指标管理，在强化下属责任的同时降低自己的责任承担。

深刻的批判，并不表示区域性统考就一无是处，而是提醒区域教育决策者要透过现象客观把握整体。面对现实中仍大面积存在的区域性统考，是决绝地制止，还是积极地改造？

评价一项考试的利弊，通常有四个角度：一是测试工具的科学性，二是测试工具相对于对象的适切性，三是测试结果的运用方法，四是测试的频次。

从测试工具的科学性看，区域性统考的试卷质量总体上优于学校自主命题。这是目前很多地方坚持推行统考的理由。但是在区域性统考成为每学期的惯例后，过度的"教考分离"导致教师降格为与学生同等的应试者，常态教学活动也从"帮助学生理解"变为"与学生一道应试"。命题权的集中会使多数教师失去在命题实践中提高教学把握能力的机会。因此，区域教育决策者必须平衡命题权的统一与下放问题，统一是为了引导，下放应是常态，鼓励基层学校的命题研究，激活教师的评价智慧才是正途。

从相对于对象的适切性看，完全统一的考试显然是众口难调的。就像一些学校对优秀学生实行免考制度一样，对于基础较好的学校，统考应大胆松绑；对于教育教学过程管理较有把握的学校，也可授权自主决定是否参加统考。对于小学，因为纸笔测试所能涵盖的学习目标太有限，学生对于横向比较的反应太脆弱，小学阶段统考的消极影响非常突出，应予限制。

从测试结果的运用看，要避免频繁的横向比较，探索基于分别分析的精准诊断。学期考试其实是学生成长的过程性评价，切不可滥用终结性评价的"排名思维"。精准诊断的前提是基于标准的、质量较高的、解释性较好的测试工具，否则便是自欺欺人。目前不少地方以推行"精准教学"为名来加强区域性统考，应注意：一要真诚克制横向比较，二要切实提高命题水平，三要尽快突破单纯的知识点扫描，实现能力诊断。

最后我们来讨论测试频次问题。管理的实质是理想与现实的平衡。上述三个讨论其实都归为一个平衡问题。除了思想方法必须端正外，现实中的平衡调整可能就在频次。学年统考，还是学期统考？每年都考，还是三年两考？中小学都考，还是保护小学？全科纸笔，还是纸笔与实践相结合？区域性统考问题已成为对区域教育决策者的立场、专业性以及是否践行科学发展观的考验，要杜绝以经济社会管理的"政绩思维"来看待学校的教育教学质量。

（本文发表在《基础教育课程》2018 年第 5 期）

让被异化的考试"反身"回归

——对加强义务教育学校考试管理的思考

2021 年 8 月 30 日，教育部在开学前夕下发《关于加强义务教育学校考试管理的通知》（简称《通知》）。这是国家层面落实"双减"制度设计的一部分，也是教育部继作业管理、睡眠管理、手机管理、体质管理、读物管理等"五项管理"出台政策要求后的续篇。这一续篇所指的考试是学校教学管理的焦点问题。因而它也是贯彻落实新时代教育评价改革总体部署和《义务教育质量评价指南》的重要举措。认真研读文件，体会政策所指与意义是要让数十年来渐被异化的考试回归本来功能，重建学校考试评价的操作体系。《通知》的七条意见，可以概括为四句话：端正考试的功能，完善学校考试评价体系，破解考试的难点问题，改进区域教育质量管理。

端正考试的功能

《通知》第一条强调了加强考试管理的目的意义在于准确把握考试的功能，要从以往偏重甄别与选拔功能转到重在发挥其诊断与改进功能，并特别画了"红线"——除初中毕业生升高中考试外，其他考试均不具有甄别与选拔功能。这一清晰的划界，抓住了当前基础教育评价中的关键问题，即以终结性评价的思维与方法滥用于形成性评价后，导致学生学习系统因缺乏有效的诊断改进而出现残缺，让成绩排名的比较施压模式如阴影般伴随学生的成长时代。

回归诊断与改进功能，是对数十年来考试逐渐被异化后的一次重要的拨乱反正，是还原学习过程中的形成性评价的努力。考试只是为学生改进学习、教师改进教学提供实证的过程，而非横向比较的手段。

与该文件的征求意见稿比较，正式印发的《通知》将加强考试管理的目的意义从直观的"降低学生考试压力"深入到"准确把握考试功能"，显然深刻了很多，体现了教育改革与管理必须尊重规律的科学精神。

完善学校考试评价体系

《通知》将义务教育阶段的考试评价分为三种主要形式：一是纸笔考试，二是学习过程评价，三是学业质量监测。前两方面主要是学校组织的学生评价，第三方面则是区域组织的学校评价或区域评价。

1. 纸笔考试

纸笔考试由来已久。因为与中考、高考形式相似，易于量化呈现，便于操作与比较，所以它是人们最习惯的学生学业评价形式。但它只是成熟的"知识立意"的测评形式，而在"能力立意""素养立意"的学习测评中，因纸笔投射测评的技术局限，评价信息有一定的损失，甚至会有失真，而未必能真实呈现学业进步的实质。如何在纸笔考试中体现以学生发展为立场，是一个较大的挑战。《通知》的第二、第三、第四条，以较大篇幅来强调学校考试管理的改进。

2. 学习过程评价

学习过程评价是过去相对忽略的评价形式。它嵌入在课堂与日常学习生活中，伴随学生成长的全过程，它能更好地体现课程性质，尊重学习者特点，成为教师促进学生有效学习的方法，成为学生的别样的可能更为深刻的学习经历。尽管随堂练习与课后作业也是学习过程评价的方式之一，但学习过程评价更注重实践性评价、表现性评价，反映学生的综合能力。

《通知》第五条概括了学习过程评价的主要内容应指向学生综合素质、学习习惯与学习表现、学习能力与创新精神等，并例举了即时性评价与阶段性评价的若干具体方式，强调应用现代信息技术，实现全过程评价与全要素评价。对于很多学校来说，《通知》对于学习过程评价的强调，可能是校内学生评价的新部署，构建学习过程评价与考试结果评价有机结合的学业考评机制是一个新课题。

其实，对于义务教育阶段的学生来说，除了九年级所面对的中考，其他纸笔考试本质上都是学习过程评价，只是其形式是纸笔测验，其测评机制主要是知识检核与能力投射，其划等方式习惯以采点计分而已。今天倡导的学习过程评价，兼容了许多非纸笔的实践测评形式，以表现性评价为主要测评机制，采用多维度的量规和 SOLO 分层评分等方法，从一纸试卷变身为学习导引，进而推动纸笔测评技术的迭代升级。这正是改进结果评价、强化过程评价、健全综合评价的探索。教师应先理解表现性评价的理念与方法，再整合到传统纸笔考试的改进实践中。

不管是伴随在学习过程中的表现性评价，还是阶段性的纸笔考试，都要让孩子内心拥有向上的力量；让所有孩子在校园里找到自信；让孩子和老师知道努力的着力点。

3. 学业质量监测

关于学业质量监测，《通知》的表述未像其他部分一样要求明确。它只是允许地方有义务教育质量监测的事权，但设定了两条限制：一是要参照国家监测办法，采取分学科抽样方式进行，不能变成统考统测的"马甲"；二是要加强统筹，各级监测不应在同一年级重复进行。

目前，已有一些地方将学业质量监测当作区域性统考的别称，不仅在抽样比例与学科安排上悄然扩大，而且还公开进行结果的横向比较，并与绩效挂钩。这显然是政策不允许的。但在大幅压减考试次数的刚性规定下，学业质量监测很可能成为"上有政策，下有对策"的"短路"之处。因此在制定省级实施办法时，必须做出明确的界定与限定，其权衡把握主要体现在国家监测办法的"参照"中，如何以国家监测为基础？参照什么？参照到何种程度？

我们认为，教育质量监测是基于综合评价指标体系，对区域或学校教育状况进行综合评价分析与问题寻策，面向随机抽样的部分学生进行的学业测试与学习状况调查。它既要了解学情，也要了解教情和学校管理；既要评价学生学习水平，也要评价学习过程和学习环境；既要面向区域教育教学的整体，也要关注特殊群体和重点问题。它应该采用"点对点反馈"来保证其善意与建设性，恪守诊断与改进功能，是结合学情教情调查的区域性考试的转型。浙江前期培育的区县层面的"学习质量调查"正是需要推广的实践典型。今后可以建立地方教育质量监测的专业审批制，强调其综合评价属性。

破解考试的难点问题

从落实"双减"的具体实践看，《通知》的关键是要破解考试的难点问题。文件按照"问题导向"思路，明确当前存在的考试次数过多、难度较大、质量不高、结果使用不当等突出问题，提出"大幅压减考试次数""规范考试命题管理""合理运用考试结果"等实践矫治措施。对照目前中小学的实际情况，距《通知》的要求还较远，部分要求甚至比浙江省评价改革开展较好地区的现实状况还要高一些。但我们要理解这些措施的意义，理解这一"决绝之治"的理由，思考积极过渡的办法。

1. 破解考试频繁问题

针对中小学考试过频、教学进度加快、教学难度推涨等问题，《通知》明确了不同年级期末与期中考试安排的规定，强调了三条禁则：一是学校和班级不得组织周考、月考、单元考试及其他变相的考试，莫让考试打乱学生的学习节奏；二是除九年级外不得组织区域性统考或跨校际考试，莫让统考捆缚了学校的教改活力；三是除初中学业水平考试外不得组织与升学挂钩的选拔性考试，莫让另外的高利害考试扰乱教学与招生秩序。这些规定一定会让习惯"以考逼学"的校长与区域教育领导很不适应。因为这是对以反复考试、排名施压为特点的教学质量管理方法的明确否定；也是对现实中逐渐提前、空前频繁、强势排名的疯狂考试的骤然叫停。以三条红线来规范考试，大幅减少考试频次，并不是要"踩死"考试，而是要推动考试的回归，要引导深入的教学指导，而不是简单的督促。

对于一、二年级不进行纸笔考试，浙江省的小学并不陌生。我们已有较为成熟的基于实践任务的非纸笔测评方法，还有基于学科关键能力的分项等级评价体系，包括项目化学习评价等，已向小学中高年级发展。

2. 破解考试命题质量问题

针对中小学考试试卷质量不高、"拿来主义"盛行、教师命题能力不足等问题，《通知》先是从命题导向、难度控制、题型创新、进度配合等方面重申了考试命题的要求，规范考试命题管理。这些要求可以概括为"基于课标、能力立意，易而不死、活而不难"，这是区域与学校命题的普适原则。

《通知》随后就区域教研工作提出了两点思路：一是学校考试应自主命题，通过命题研究评估和命题能力培训，加强命题方面的校本研修；二是自主命题有困难的学校，可以选用区域教研机构提供的试卷，但必须分别阅卷。前者应是实践的常态，后者只是前者的过渡办法。因为有全省中考试卷评价与命题实践研修的多年实践，以及近三年来面向县（市、区）学科教研员的初中学科期末测验评价研究交流活动，浙江有不少县（市、区）已采用这一做法，可以进一步推广。

3. 破解考试结果应用问题

针对考试结果应用简单化、功利化，加剧学生学业负担，强化"唯分数"倾向等问题，《通知》要求义务教育阶段期中、期末考试均实行等级评价，考试结果不排名、不公布、不用来分班排座位、不与升学挂钩。这一围绕等级评价的四条禁则的核心也是在淡化横向比较。

对小学来说，这一规定后续推行的困难相对小些。浙江省倡导小学分项等级评价六年多，理念与操作都较为成熟，而且分项有利于教师准确把握学情，开展针对性辅导。不过，对初中来说，考试结果全面采用等级呈现，社会的接受度需要试探磨合，但降低利害联系、改变反馈方式是必要的。强化横向比较，可能只对前 30% 的学生有激励作用，而它带给至少 70% 的学生的是挫伤与焦虑。

《通知》同时对教师和学校如何科学分析考试结果、研判教学现状、加强研讨指导提出了要求。

改进区域教育质量管理

尽管《通知》规定的主要是学校层面的考试及其管理工作，但学校实践其实是由区域管理所决定的。《通知》明确了省、市、县级教育行政部门、教育督导部门的相关责任，要求完善管理监督机制。改进区域教育质量管理是落实该文件的首要环节，守住"不得给学校下达升学指标""不得简单将考试结果作为评价学校的依据"的底线。

综观整个《通知》，区域层面须落实的工作主要有：完善初中学业水平考试制度；制定学业质量监测的工作框架与专业标准，指导、管理与实施地方学业质量监测；提高九年级区域性考试的质量；建立学校考试日常监管制度；指导学校完善学习过程与考试结果相结合的学业考评制度；建立学校试卷命题研究评估的教研机制，策划开展教师命题研修，指导学校开展与作业设计相联系的命题研究的校本研修。

（本文发表在《人民教育》2021 年第 19 期）

| 4 |

透视学业负担的实质

学生学业负担过重是我国基础教育积疴难消的问题。数十年来，我们虽屡战不胜，但仍不折不挠。2018年农历正月，听闻杭州市上城区与拱墅区推行初中生"晚十点不作业"，我连夜写下《对"深夜不作业"倡议的支持与提醒》，表达自己的声援，并理性分析了未来实践可能面对的课题，辨析了中小学生所面对的"时量之负"与"被动之负"、"学业之负"与"成长之负"。

减负不能只是作业量、睡眠时间、课外补习情况的数据控制，而必须切实把握学业负担的实质。学业负担的实质是学生消极的学习体验。学生的主观负担感受对学生成长的消极影响更为突出。我们基于教育质量监测的大数据分析讨论科学减负的对策，要理性分析"题海训练"的效率，洞悉课外补习的假象，引导家长对子女成长的合理期待。

2021年末，在"双减"政策百日时，面对部分家长关于"教育质量滑坡"的担忧，我在短文《真正的担忧》中表达了自己的观点。面对教学现实，我们更担忧的是成年人对于被动学习与低阶学习的漠然与无视，必须要切实改善教学过程、端正评价导向才能真正落实"双减"。

对"深夜不作业"倡议的支持与提醒

声援"深夜不作业"

新学期伊始,杭州市拱墅区与上城区教育局都发起了"深夜不作业"的倡议,"为成长,不熬夜;晚十点,不作业!""小学生写作业超过晚九点,初中生写作业超过晚十点,可以选择不完成剩下的作业!"这一对学生的"松绑令"亲切、走心。

与年前浙江省推行小学生"早八点,不上学"相似,这次的两区倡议都从唤醒家长认同入手,以学校跟进实践来争取家长放心。"晚十点,不作业",设置家庭作业的时间底线,明确在"健康作息"与"作业操练"之间的价值选择,明确在"整体学习效率"与"作业多多益'善'"之间的清醒判断,正视导致学生学习兴趣"衰减"的"折磨式作业"的危害。这一举措与过去强调作业总量的减负规定相比,是一种发展与创新。但这是忍无可忍的创新,是对教师课堂效率与作业布置的倒逼,也是对家长群体焦虑的一种安抚。

一项改革措施必然需要整体运筹。杭州两区的这次行动有同有异,各显风格。他们的做法的共同特征有三点:一是规定家庭作业时间的底线；二是强调教师参与作业的校本化过程；三是鼓励作业管理的以校为本的实践智慧。拱墅区基于充分的家长沟通和调查，采用校长教师们的集体倡议，用情真意切的"为成长，不熬夜"去打动家长；上城区则深刻领会省厅作业管理的相关文件精神，采用系统周密的操作细则，用见微知著的教育服务要点表示学校的决心。两区的做法各有特点，足见两位局长的"用心良苦"。

在中小学生学业焦虑持续升级的今天，教育行政部门如此旗帜鲜明地保证学生睡眠时间，确实难得。他们对以牺牲学生健康为代价的"题海战术"说"NO"，其实是一种正确的战略选择，与其熬夜刷题混眼熟，不如保证睡眠好状态。依靠曾经做过才会做的"会做"未必是有意义的，赌博式地"挑灯夜战"是得不偿失的，靠耗损学生的兴趣换来的"优秀"是有名无实，且迟早会归零的。在不少地区千方百计向学校、向教师、向学生传导压力以催逼业绩的时候，拱墅与上城愿以积极的措施去保障"健康的优秀"值得点赞。这正是习近平总书记的"两山"理论的另一种体现。

作业问题是基础教育领域的难点问题，其中绝不只是一个"减"字。2016 年初，浙江省教育厅下发《关于改进与加强中小学作业管理的指导意见》，明确作业管理的要求与作业改革的方向。浙江省教研室 2014 年与 2016 年曾在湖州吴兴与杭州拱墅召开了两次作业改革研讨会，引导作业研究与课堂教学改革的结合。今天杭州城区在作业改革上的再次"举旗"不是偶然的，而是深化课程改革的一次出击，是教育人回应社会呼声的实践努力。

作业改革的系统思考

这一改革举措属于"减负"范畴。其实践着力点在于"作业改革"。因为见过太多政策的"一阵风"现象，也有一些同志对此次改革举措表达冷静的评论或是观望的怀疑。这说明光靠文件与倡议并不能解决问题。要将"量"控住，必须"质"提高，必须将作业改革的具体举措放到教学管理系统中进行思考。

1.关注作业与课堂学习的联系

作业的选择与设计是备课的一部分。长期以来商业化作业的泛滥让人们逐渐忘记了本来。人们对"拿来主义"的作业、成册成套的作业已经习以为常。但是如果作业不与课堂学习形成内在联系，那它必然是低效甚至无效的。不会编作业的教师，不是合格的教师。鼓励教师参与作业设计，从选择与改编中学会作业设计是帮助教师提高教学能力的重要方面。上城与拱墅强调只准一本配套作业，倡导教师自主编制作业，合理改编现成作业，鼓励作业校本化及相应的校本研修。

要让课后作业与课堂教学结合好，关键一点是教师要有作业功能的思考。要思考具体作业在单元或课时中的作用，以之来指导作业的选择与设计，将之与预学任务、随堂任务联系起来，作为学生的自主学习环节来设计，而不是简单的课后巩固。教师应从提高课堂教学效率的角度研究作业，而不是一味地进行割裂的强化训练。

鼓励教师参与作业设计，要让教师对具体作业的意图与功能心知肚明，有的放矢。如果自主设计作业有困难，事先试做一遍应是教师作业布置的底线要求。

2. 强调作业的有效批改

作业是重要的过程性评价。作业批改有有效与无效之分。过去一个阶段，因为作业量的增加和教师对作业意图的忽略，导致作业批改越来越流于形式。放弃作业环节的具体诊断，寄希望于"月考"的分数压力，显然本末倒置。

作业批改是否有效反映在作业的诊断与激励功能上。减少作业总量，重视作业批改中学生错误原因的分析，跟进集体或个体的补偿性学习。如果作业批改只是教师"扳着脸孔"的对错判断，而不能通过必要的师生对话体现教育意义，这个批改也是有局限的。

3. 倡导能力立意的评价导向

一项改革能否产生积极持久的影响，系统内外的评价导向极为重要。

考试评价是有利于记忆性学习还是理解性学习？着眼知识细节还是思维能力？在考试评价中，让"题海训练"和"过度学习"不再获益，这是保障"深夜不作业"能够坚持下去的重要条件。国家新倡导的素养导向的教学，已在要求评价方式与考试命题的改进。两区率先行动，还要及早研究评价问题，建立"基于标准、能力立意"的学业评价体系，防止保守的评价后期发力，将改革又拉入"开学讲素质教育，期末讲应试教育"的怪圈。

4. 完善区域与学校的教育质量管理

评价包含着技术与制度两个层面。支持这一改革，必须要从科学的教育质量观的高度看待这次努力。

尽管我们对"深夜不作业"不会导致学生学业退步是有信心的，但这是一种"长线的进步"，未必能在短周期的测验中立竿见影，特别是在试卷质量不高的月考上。如果学校不重视校内考试制度的改进，仍然强化月考的横向比较，正确的做法很快会悄无声息。同样的道理，地方政府与教育行政部门在评价学校的时候，如果没有给学校从容的空间，让学校将教育教学过程的细节与常规放在比即时分数更重要的位置的话，也会让美好的初衷"随风而散"。

总之，我们不能仅仅从作息时间变化的角度来看"深夜不作业"，真正的原因是人们对教育质量形成的"过程与成本"的关注。这正是 2013 年以来浙江省中小学教育质量综合评价改革的重要精神。衷心希望这次的改革倡议能够得到智慧的落地，也希望"绿色的教育质量观"能得到更多地区的认同与推广。

关于学业负担的辩证讨论

必须承认，关于中小学生学业负担问题，社会认识分歧很大。尤其在当前学业负担屡减却犹增的现实下，一些怀疑或反对"减负"的声音与坚持"减负"的呼声同时在增大。如何看待当前中小学生的学业负担问题，有这样几个过去不常见的视角。

1."校内之负"与"校外之负"

要重视校外作业导致学生学习时间失控的问题。在今年的杭州两会上，时代小学校长唐彩斌提交了一组调查数据。其面向杭州市主城区的调查发现，周一到周四，小学生家长给孩子布置额外作业的占到 61.7%，双休日布置作业的占到 75.5%，周一到周四，晚上参加培训的占 50%。试想一下，非双休日的晚上还在参加培训，可能还有培训班的作业，再不设置作业时间的底线，行吗？

这一情况可以用 2016 年浙江省教育质量综合评价监测的数据来佐证。监测发现，四年级学生日睡眠时间少于 9 小时的占 45.9%，八年级学生日睡眠时间少于 8 小时的占 64.1%；有 70% 的四年级学生与 55% 的八年级学生有校外作业。其中校外作业每天超过 1 小时的四、八年级学生比例分别是 22% 和 16%。

这次的"深夜不作业"从另一角度提醒家长重视对孩子学习时间的总量管理。与其熬夜刷题混眼熟，不如保证睡眠好状态。恳请家长从长计议，合理期待，在子女学习与成长中树立"健康第一，内驱为上"的观念。

2. "时量之负"与"被动之负"

人们很容易从现象上理解学生负担过重问题，例如作业时间太长、学业难度太大、学习压力太重等。因为学生存在个体差异，他们所能适应的学业时间与难度自然也不同。因而，一些认为没有必要再强调"减负"的声音也显得颇有几分道理。

"负担"的本质是心理体验的一种拒绝。"负担"的关键并不在数量与强度，而在于主观的意愿。其深层表现是"被动"与"主动"的区别，是"外驱"与"内驱"之差异。其核心在于今天的孩子们常常是被外在动机所驱动的。今天不仅流行着"妈妈认为的'冷'",也流行着"大人认为的某某学习很重要""官员立场的升学率"。成年人自以为的"需求旺盛"通过较强的"支配行为"导致孩子们从小便陷于"被动境地"。21世纪教育研究院呼吁"低竞争、低评价的教育形态"是有深刻道理的。

学生被动的学习状态源于"重教轻学"的传统。正如常用的"抓教学质量"一词,潜在地强调了领导与管理措施对教学质量的作用,强调了教师讲授与习题训练对学生学习的影响。但提高教育教学质量必须"将外推(压)力转化为内动力"。"重教轻学"培养了一批"等待喂食"的依赖型的学生,他们没有自主支配的时间,被折断了"自学的翅膀",失去了自主学习的意愿与能力。而在应试竞争中真正笑到最后的,却是其中少数的"独立者"。但这仍未能扭转"闷头向前的赌博心态"。

3."学业之负"与"成长之负"

今天教育的一个重要问题,反映在"对学业提高的过度焦虑"与"对人格成长的无视漠然"的矛盾上。不少家长对孩子的学业高度重视,而对于孩子社会性发展的需要视而不见。他们常在孩子面前表示"为保障学习的不遗余力"和"在劳动参与上的'减负'替代"。这种不惜代价地支持学业可谓用心良苦,但在"少劳多得的期待"和"外在动机驱动"下长大的孩子多数存在一种"缺陷",而他们的父母总是要到孩子"二十(岁)以后才明白"。

今天的"学业之负"其实会转换为明日的"成长之

负"。但此"负"之实质其实是"成长之欠"，是青少年面对真实社会生活的压力之不堪。在青少年时期，对于社会性发展的忽略，导致当前社会中"巨婴"现象屡见不鲜。

今天，我们仍然要坚持"减轻学生过重学业负担"，是因为如果"今天之负"不减，或许就会变为"将来之负"。小处看"深夜不作业"的呼吁，大处看民族发展之将来。

（本文以《"深夜不作业"能否减负》为题发表在《中国教育报》2018 年 4 月 18 日）

学业负担的实质：学生消极的学习体验

2018 年，教育部等九部门印发《关于印发中小学生减负措施的通知》。减轻中小学生负担是社会各界关注度很高的问题。有人认为学生作业量大，课外补习多，睡眠少，必须严令控制；也有人认为，在资源紧缺、社会分层的背景下，竞争在所难免，减负难以实现。这些都是从社会环境、教育活动的角度来讨论减负问题，但这里缺少从学生内心角度去观照、讨论：什么是负担？负担的真正影响有哪些？

负担是什么？

负担是人的心理感受，包含紧张、焦虑、反感、拒绝、畏惧等消极的感受。人们所争论的"该减不该减"，只是就表观的任务量的讨论，但当我们走进学生心灵时，减负是无可置疑的。减少、避免学生对学习、对生活的消极感受，对每一个与学生相关的成年人来说都责无旁贷。

负担的来源是什么？

当在学习生活环境中面对学校、家庭安排的各类学习任务时，学生都会产生一定的学习压力。如果学生面对压力的体验是积极的，那压力即为动力，"皮球拍得越重，蹦得越高"；如果学生面对压力的体验是消极的，那压力即为负担，"用椎去击打皮球，迟早会戳破它"。这就好像"排名次"对于前 30% 的学生，起激励作用的可能性更大；而对后 70% 的学生则基本上是挫伤。如果进一步细分，在被激励的前 30% 的学生中，也可能有三分之一的学生的感受未必是激励，而是焦虑，不同个体对于同一件事的体验很可能完全不同。所以，"学生学习体验"应该是减负讨论的核心词。专业上可用"主观负担感受"来描述学生的学业负担，它是影响学生学习与成长状态的关键变量。

"负担感"会对学生产生哪些影响？

学业负担，是学生面对学习任务与环境的一种消极体验。导致学生学习体验消极化很重要的原因，就是学生在学习与生活中的"负担感"。适当的学习压力是必要的，但一旦出现消极的体验，它对学生的成长就是有害的。"适当的学习负担是必要的"是一条谬论。因为，"负担感"难以促进学生的兴趣与内驱力，多数情况只是强化了那种外在的逼迫和那种眼中没有光芒的努力；它有可能会破坏学生的从容，让简单化的训练替代思考，替代关于学习方法的悉心体会；更容易让学生身心疲惫，产生生理和人际上的不良的应激反应，改变学生对于生活的阳光态度。

学生的学习体验与负担感受，决定着他们向前还是向后的方向选择。要知道，积极的状态是无价的，被动的努力是低效的。选择施压策略的教师或家长，是对"体验的决定作用"的无知和"成人立场"的泛滥。学生的进步与成长是以积极主动的态度为前提的，否则就可能是"伪进步"。

学生的学习体验与负担感受，也影响着教师教育行为的有效性。教育质量监测中发现，参加适量的课外补习只对学业负担感受较轻的学生有效，而对学业负担感受较重的学生来说，课外补习与增加作业都无疑是"雪上加霜"。

哪些因素在影响学生的"负担感"？

主观的负担感受其实是学生客观面对任务与环境等的反映。我们较为关注的作业量、在校学习时间、课外补习活动等属于影响学生负担感受的任务，而排名次、人际关系、家长或教师期望等常会导致学生对环境的不安全体验。这些外在的因素是导致学业负担的重要原因。

不过，还有一个重要的影响变量，即每一个个体对具体事项产生负担感受的敏感点并不相同。专业上称此为学习者个体的"负担阈值"，也就是不同个体对于负担的耐受力有别。这是影响学生负担感受的内在因素。在客观负担还难以有显著降低的背景下，提高学生的"负担阈值"，有助于改善学生的学习体验，这也是减轻学生学业负担的一种路径。

（本文发表在《基础教育课程》2020 年第 9 期）

基于教育质量监测分析谈"双减"

2021 年 7 月，中共中央、国务院印发《关于进一步减轻义务教育阶段学生作业负担和校外培训负担的意见》。加强作业管理、开展课后服务、规范校外培训是"双减"政策中要求明确、措施具体、近期必须落实的重点工作，但改善教学过程、端正评价导向是与这些具体措施同等重要的、具有长远意义的工作重点。

本文结合前几年浙江省教育质量监测的有关发现来讨论"双减"的重要意义与策略。

聚焦作业管理

2021 年 4 月，教育部印发《关于加强义务教育学校作业管理的通知》，拉开了加强"五项管理"工作的帷幕。作业管理是落实"双减"政策的关键环节之一。

中小学作业负担较重问题的症结在于对被动学习与低阶学习的漠然。许多成年人误以为被动学习与低阶学习也是学习，助推了无意义的"假学习"的泛滥。在很多家长和教师的习惯认知中，多做作业有助于提高成绩，多做作业肯定比少做好。于是，学生作业量便悄然增加，题海训练见多不怪。作业真的是多多益善吗？在一次面向八年级学生的学习素养与学习状况调查中，实证数据给出了否定回答，如图 1 所示。

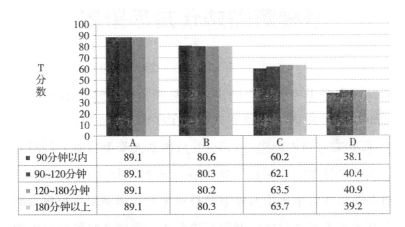

	A	B	C	D
■ 90分钟以内	89.1	80.6	60.2	38.1
■ 90~120分钟	89.1	80.3	62.1	40.4
▨ 120~180分钟	89.1	80.2	63.5	40.9
▨ 180分钟以上	89.1	80.3	63.7	39.2

图 1　不同学业水平学生增加课外作业量对学业成绩提升的促进作用

从图 1 中可以发现，对于学业成绩中上的学生来说，作业多做少做一个样，过长的作业时长对学业成绩几乎没有影响。对于学业成绩中下的学生来说，增加作业对于学业成绩有一定的正向促进作用。而对于学业成绩落后的学生来说，增加作业的学业成绩促进作用在作业时间 120 分钟时有一个"天花板"，超过 180 分钟后，作业越多成绩越差。

这一发现似乎有些意外，但也是在情理之中。在初中阶段，每天作业量超过 90 分钟，再增加强化训练对于学生学业成绩提升已难有帮助。我们应该调整学生学习投入的方向，寻求作业的转型，转变学生的学习方式，激活学生的高阶学习。将学生的宝贵时间都投入在作业上是否值得，家长、教师和学生都该有所反思了。

重视学生的主观负担感受

提到减负，人们多以学生作业时间、补课时间与睡眠时间等学习投入变量描述学业负担。减负工作重点聚焦在停止学科培训、缩短作业时间、延长睡眠时间等问题上，这无疑是重要的。简单增加学习投入，延长学习时间，并不能有效提高学生学业水平，促进学生健康成长。控制客观负担与学习投入是"双减"的首要战役。但要深层次落实"双减"，还需透过客观负担事实，体会学业负担之实质与影响机制。

中小学生面对学校、家庭安排的各类学习任务，以及学习生活环境都会产生一定的学习压力。如果学生面对压力的体验是积极的，那压力即为动力；如果学生面对压力的体验是消极的，那压力即为负担。（如图2所示）减负的真正意义在于如何防止压力转化为负担，防止学生主观负担感受的恶化。

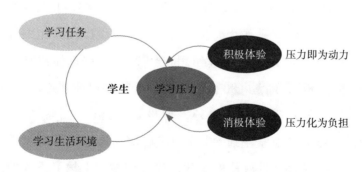

图2　学生学业负担与学习压力关系示意图

学业负担的实质是学生面对学习任务与环境的消极体验。我们可以从主观负担感受和客观负担事实两方面描述学生的学业负担。客观负担事实是一组表观指标。主观负担感受才是影响学生学习与成长的关键变量，它与客观的学习投入、任务量有关，但同时与学习者个体的耐受力有关。不同的学生同样连续作业 2 小时时负担感受并不相同，学习意愿较好的学生所体验到的"负担感"相对较轻。

学生的学习体验与负担感受，决定着他们向前还是向后的方向选择。"学生学习体验"应该是减负讨论的核心词。"双减"既要重视客观负担事实，也要重视主观负担感受，只有这样，才能真正控制学业负担对学生成长的消极影响。

关注体艺活动与人际关系的调节作用

不同个体对于同一件事的负担感受可能不同。这是因为他们对于具体事项产生负担感受的敏感点并不相同。我们称之为学习者个体的"负担阈值"。这是影响学生负担感受的内在因素。提高学生的"负担阈值"，有助于改善学生的学习体验，也是减轻学生学业负担的一种路径。

教育质量监测发现，面对相同的学习任务与压力时，体育运动习惯较好的学生、兴趣爱好得到较好满足的学生，都要比其他学生更不容易感受到负担。（如图 3 所示）也就是说，体育运动状况与兴趣爱好活动对学生的主观负担感受具有调节作用。加强体育锻炼、发展兴趣爱好也是减负的重要路径。

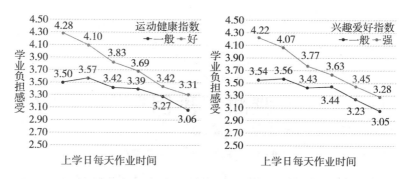

图 3　学生运动健康指数与兴趣爱好指数对学业负担感受的调节作用

监测也发现，人际关系也对学生的主观负担感受存在一定的调节作用，尽管其调节作用不如体育运动和兴趣爱好。在学生所处的三类人际关系中，师生关系的调节作用比同伴关系、亲子关系更大。这说明改善人际关系也是减负的可行措施，而且改善师生关系的意义更为重要。

洞悉课外补习的假象

如人们的一般认识，教育质量监测中也发现课外补习能"提升"学生学业的证据（如图 4 中弧线所示），补习 2 门的学生的学业成绩最高。但这一"提升之效"，应该归功于补习，还是另有原因呢？PISA 等国际大规模测验发现一个规律，就是家庭社会经济地位（SES）较好的学生学业优秀的可能性更大。所以我们对课外补习所产生的学业提升的真正原因有些怀疑。

于是我们采用变量控制法，控制了家庭社会经济地位的影响，发现原来的弧线变成了下降的"坡线"（见图 4）。这表明，在控制了家庭社会经济地位的影响后，随课外补习科目的增加，学生学业成绩呈下降趋势。也就是说，原来所见的补习之效，更多地缘于这些学生家庭社会经济地位的自然影响。这让许多原来赞同课外补习的家长诧异了。这一结论似与人们的一般认识相左，究竟该相信谁？

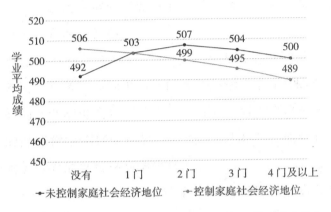

图 4　课外补习对学生学业的影响（控制 SES 前后的比较）

我们依据学生的主观负担感受，将学生分成负担感受较重、一般、较轻三组，研究控制家庭社会经济地位的影响后，课外补习与学生学业成绩的关系。如图 5 所示，只有在学生负担感受较轻的情况下，适当的课外补习才对学生学业成绩的提高有显著影响，否则，不仅没有影响，还会加剧学生对学习压力的消极体验。这既解释了人们直觉所以为的课外补习有效的条件，也揭示了学生大面积参加课外补习的事倍功半，甚至适得其反的道理。由此来看，"双减"政策所踩的"刹车"是有理论依据的。

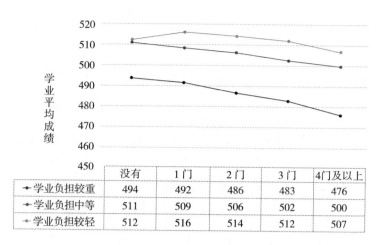

	没有	1门	2门	3门	4门及以上
学业负担较重	494	492	486	483	476
学业负担中等	511	509	506	502	500
学业负担较轻	512	516	514	512	507

图 5　课外补习对不同负担感受的学生学业的影响（控制 SES 后）

引导家长的合理期待

"双减"以来，学校方面基本是拥护的声音，但家长方面也有许多焦虑的表达。这缘于社会上家长对子女发展的较高期望。

多数人认为，家长对子女的较高期望无可厚非，较高的期望有助于激励学生成长。但教育质量监测给我们一个意外的结论。家长对子女的教育期望与子女的自我期望一致时，子女的学业发展是最好的。家长教育期望偏高比偏低的消极作用更大，家长教育期望偏低对女生的保护作用更显著。（如图 6 所示）

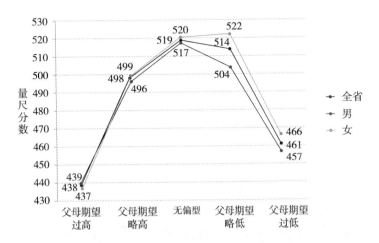

图 6　教育期望偏差与初中生学业水平的关系（控制 SES 后）

　　这提醒人们，家长教育期望未必越高越好，许多似乎善意的瞩望对于子女却可能是包袱。家长应与子女保持良好沟通，应尊重子女，合理期待，而不应只是站在成人的立场过高要求子女。对于家有女儿的父母来说，对女儿的期望略低一些可能更有保护作用，防止有完美主义的女生因为家长期望过高而过度焦虑，乱了方寸。

　　　　　　　　　（本文发表在《中国教师报》2022 年 6 月 15 日）

真正的担忧

"双减"百日，在各项政策逐渐落地的过程中，有部分家长表示了对"教育质量"滑坡的担忧。这种担忧既反映了这些家长对"教育质量"的狭隘理解，也反映了社会各界对深化教育教学改革的期待。

"教育质量"是什么？教育质量应该是学生全面发展状况的反映。考试测验中反映的分数只是学生发展的局部。而且考试还有"生考"与"熟考"之分。一般学生在命题风格熟悉的考试中的表现要好于风格陌生的考试；但也有一些学生在命题风格陌生的考试中的表现更优。懂教育的人都知道，前者的学习是相对肤浅的，是强化训练的结果，不是基于理解能够迁移的学习，因而其成绩也是有一定欺骗性的，它掩盖了学生未理解就熟练的问题，助长并推高以灌输和训练为特点的学习。今天有不少家长十分在意这些"熟考"的得失。殊不知真正的学习者却是后者，是"生考"中表现优于"熟考"的学生。这些学生的真正优势在于其自主学习和自我管理能力，而不是刷题的经历。

事实上，真正应该担忧的是，不少家长和部分学校只重视学业考试，重视认知学习，却忽略了学生思想品德、体质健康以及社会性成长的重要性。这种片面追求学业分数、忽视全面发展的教育质量观必须及时扭转。

深入剖析当前作业问题、校外培训问题，背后的原因是我们成年人对被动学习、低阶学习的漠视与无视。相当一批家长，包括一些教师还是将被动学习、低阶学习当作学习，其实这些未必是学习。依赖校外培训，长期沉浸于被动学习的学生将注定是"缺钙"的一代。他们能否独立"站立"才是我们真正应该担忧的。变被动学习为主动学习，变低阶学习为高阶学习，才是教育走出困境的正确路径。

在"双减"中，学生减少了重复的作业，增加了灵动的实践；减少了对培训辅导的依赖，增加了自主学习与自我管理的锻炼。这些对于学生的成长必然是有益的。尽管这些进步未必都能马上体现在日常测验中，但会在学生的精神面貌中得到体现，在学生长远的能力素质发展中得到体现。

客观上看，"双减"已踩下了简单学习的刹车，我们要随即开启正确的"引擎"。加强作业管理、开展课后服务、规范校外培训是"双减"政策中必须落实的重点工作，但改善教学过程、端正评价导向是与之同等重要的工作重点。我们必须意识到正确的学习导向与评价导向是"双减"的基本原则，在疏导家长忧虑的同时，从政府官员层面到学校与教师层面，都要将端正评价导向、转变学习方式作为巩固"双减"成果的真正关键。

（本文以《"双减"后真正该担忧什么》为题发表在《浙江教育报》2021年12月29日）

|5|

课堂教学改革的"三重境界"

2009 年，我开始关注中小学课堂教学改革。面对"重教轻学"的现实，我们首先以"先学后教"为突破方向，倡导转变"学教关系"，探索课堂教学改革，转变学教方式。

随着实践的深入，出现关于课堂教学改革的"模式之辩"。我们主张积极而辩证地理解课堂教学模式，认为模式只是路标，而非目标，是引导我们奔向目标的导引；提出从"模式推进"走向"要素推进"的策略，描述了课堂教学改革的"三重境界"，并就课堂教学改革的实质与发展发表了观点。

区域推进教学改革是追求理想的实践，但绝对不是坦途。2015 年，河北涿鹿发生"课改局长"辞职事件后，区域教学改革如何推进成为热议的话题。应《中国教育报》等媒体之约，我写了 2 篇时评，讨论区域性教学改革如何"软着陆"的思路，分析教学改革如何从"移植"走向"内生"的策略。

先学后教：课堂教学改革的突破方向

2009 年 1 月，我有幸参加了教育部基础教育课程教材发展中心关于教育教学改革的一次座谈会，听取了山东省茌平县杜郎口中学、兖州市第一中学和江苏省溧水县东庐中学等的经验介绍。福建师范大学余文森教授在研讨中认为，这些课程教学改革原创性经验可以概括为"先学后教"。这样的教学意味着"把学习权还给学生"，让学生对学习有真正意义的责任感后，学习中的许多"奇观"才有可能出现。对此观点，我表示强烈的认同。

学生是教出来的，还是学出来的

我们曾做过一项简单的调查。在小学高段与初中的课堂中，开始讲课前约有 30% 的学生已通过自学掌握了本课时的基础内容，而无需教师的讲解；但也有 30% 的学生在教师讲授与练习后，还未能理解和掌握学习内容；剩下的 40% 的学生中，需要教师讲授来帮助理解的约占一半，而另外一半则是有自学能力但没有自觉预习习惯的学生，他们依赖教师讲解而"被学习"了。

以上调查表明，教师的讲解只是部分学生学习掌握的必要条件。如果在学生自学的基础上，再辅以教师必要的指导，肯定比在学生未充分预习时教师便全面讲解更有效。这应是学习过程中的师生分工与学习时序。

学生自己能学会的，千万不要等到教时才学会。学生依靠自我学习而掌握，与依靠教师讲解而掌握，代表的是两种不同性质的学习，也是两种不同水平的学习。教师也许是迫于被拔高的教学要求，不敢从容地让学生去预习，而迫不及待地进行灌输了。于是，那些"被学习"的学生被剥夺了自己学会的机会，而还有三分之一更需要教师帮助的学生却被遗忘了。

预习、听课、复习，孰更重要

我们也做过一项初中生的调查。目前，重视预习的学生并不多。学生课前预习活动大约占总学习时间的 10%，在教师帮助下思考与理解的时间约占 50%，通过训练、测验、讲评等复习手段进行学习巩固的时间约占 40%。在这样的情况下，学生会因预习不充分而导致理解不充分，从而特别寄希望于复习。教学活动的这一时间结构，反映的是"追求熟练，忽略理解"的教学思路。

我们认为，学生学习时间的分配应该是，30% 独立预习，40% 在指导下学习，30% 独立复习（不同学段、不同学科的学习时间比例应有所不同）。当前盛行的"前程加速，后程反复"的教学模式，是弊大于利的。它让许多本不会被淘汰的学生，因为教学进度过快、教学定位过深而提前丧失了学习动力；它导致学生关注题目的重复再现，而忽略了"只有基于理解的熟练，才有意义"。

过多的可做可不做的复习任务挤占了必要的预习时间，这可能是当前学校教学的一个重要问题。教学改革必须要解决这一问题，改变人们对于"教"与"学"的功能的认识，走出教学效率低下的困局。

实践"先学后教"的思考与建议

在"重教轻学"问题较为突出的今天，"先学后教"是课堂教学改革的突破方向。深入开展课堂教学改革应该注意如下方面。

1. 基于继承历史与推陈出新的双重视野看"先学后教"

我们应该意识到"先学后教"并不是新事物。早在我国20世纪末期的许多教改实验中就体现了这一思想，如邱学华主持的"小学数学尝试教学法"，卢仲衡主持的"自学辅导教学法"等。这种教学思想其实是追求有效教学的一贯主张。推广"先学后教"，要有历史继承的视野，要看到这一教学行为的朴素的一面，同时要把握其本质的一面。

重提"先学后教"，必须扭转教师习以为常的关于学习活动的基本假设，把"学习权"还给学生。与学习权、学习责任的转移相比，课堂教学细节也许是次要的。"先学后教"并不排斥其他教育模式的合理成分，不是一种孤立的教学方法，而是一种教学思想与教学原则。"先学后教"所指的不是简单的"时间的先后"，而是"逻辑的先后"。它所倡导的是基于学的教，教为学服务。

2. "先学后教"是一种教学原则，解读思想比模仿做法更重要

在"洋思经验"和"杜郎口旋风"正处高潮时，很多地方组织学校前往学习考察，并在当地推行许多仿效的措施，但多数学习推广后来无疾而终。究其原因，人们往往从课堂教学模式的角度认识这些经验，以教学操作措施的移植为主要仿效方式，这容易使模仿性实践只是表象的接近，而不是对这种教学思想的内在精神的理解和内化。

"先学后教"是一种教学原则，但未必是一种教学模式。解读其思想比模仿其措施更重要。教师只有对学与教的认识有所改变，才能支持教学行为的改变。教师习惯的学习假设是"学生的学是以老师的教为基础的"，因而教师把讲与教视作核心职责。但面对这些课堂案例时，大家需要关注一种新的学习假设，"学生有可能自己学会，教师的责任在于帮助学生更好地学"。我们过去耳熟能详的"以学生为主体"的本质也在于此。现在课堂中许多"讲"其实是"安慰性地讲""预设性地讲"，而学生学习更需要的"针对性地讲"、支持学生有效学习的教却所见不多。从这一点来看，"先学后教"的意义不言而喻。

3. 重视学习指导，是落实"先学后教"的重要支持

"先学后教"的前提是学生愿意并能够开展基本的自学。所以，教师的任务应该是既要教知识，又要进行学习方法的指导；既要在观念上尽快跟进，又要在操作上尽快成熟。我们有理由相信，"学习指导"将是当前教育教学改革的重要切入点。

我们将"学习指导"理解为三个层面的行动：

一是学科教师在日常学科教学活动中自觉的学习指导意识和行为。教师对学生学习现状的及时诊断与针对性指导，是教师的基本能力。这种学习指导行为应该体现并尊重学科的学习特点。

二是从学习体验、学习方法和学习心理等方面综合开展的学习指导。要指导和帮助学生掌握各主要学习环节的方法，培养良好学习习惯；要提高学生对学习活动的自我判断和调控的能力，培养学生持之以恒的学习意志。这需要学校建立跨学科的学习指导工作体系，通过课程、专题、规程、咨询、交流等多种形式实现指导。

三是针对不同学生人群的不同的指导策略。学校教育的主要活动是团体教育，但学生个体间存在差异。对于学有余力学生和学习困难生，都应该有教育策略的调整和针对性的指导活动。

我们更愿意将"先学后教"理解为教学的原则，而不主张将此演化为一种模式。也许在其成熟的过程中，我们需要以若干模式来体现描述这种改革的思想，来传播推广这种改革的操作架构。但止于模式、热衷于模式可能会走向背反。"先学后教"的本质是引导教师关注学生的学习活动，注意教与学的合理逻辑。教师要克服的是当前盛行的"以教为本，以教代学"的简单灌输的教学方法。

[本文发表在《教育信息报》（后改为《浙江教育报》）2010 年 11 月 13 日]

积极而辩证地理解课堂教学模式

近年来，课堂教学改革风起云涌。各地、各学校逐渐意识到转变学生学习方式的重要意义。转变学教关系、推动课堂转型成为中小学教学改革的热点。

人们容易将教学改革视为课堂教学模式的创新，喜欢用新概念来定义自己的教学改革实践。有些学校要求各学科按照新模式的统一步骤实施教学。这是课堂教学改革初期的"风景"。但我们很快就发现，课堂教学改革并不是课堂教学模式由此及彼的变换，也不是课堂程序与组织方式的模仿与推广，形式背后的真义才是关键。这轮教学改革的核心特点可以概括为"以有效的先行学习，引导尊重学情且有思维质量的课堂"。其本质就是新课程倡导的自主学习、合作学习、探究学习等核心思想。但呈现在学校、报章媒体的却是琳琅满目的模式。

对于课堂教学改革是否需要模式推进，前两年确实争论激烈。但这两年，大家更多地专注于实践的变式探索，而不再纠结于"模式之辩"。"模式"不是改革的目标，而是导引我们奔向目标的"路标"。模式推进确实有利有弊。不同的阶段与不同的立场，就会有不同的主张。在教学改革的初期，学校确实需要一个鲜明的课堂教学模式，以帮助教师更好地把握课堂教学改革的主线。但刻板的模仿会将课堂教学引入困境。我们应在坚持基本价值取向的基础上，帮助教师在"入模"的同时前瞻性地规划"出模"的策略，以便更为灵动地前进。

如何借模式以变局，却又不因模式而困局，其中的原则与策略是深刻的。

原则一 尊重课程性质

针对早期教学改革中的模式化倾向，我们主张在坚持"学为中心"的基础上，尊重学习规律去改变学教策略，不以"模式注册"为骄傲。改进教学行为必须要从"形式学习"到"促进思维"。对于学生来说，不同的课程各有不同的价值，除了具体知识各不相同外，更重要的是，它们要启迪体现课程特质的思维。

语文要激活学生面对丰富的语言与生活的感受能力与表达能力，还要引导学生有逻辑地、辩证地思考；数学要培养学生数感、符号意识等基本数学素养，激活学生基于数学的经验和思想方法，发展探索发现、猜想证明、数学建模等分析和解决问题的能力。在程式化的课堂结构中很难同时兼顾这些丰富的学习意义。所以，在强调转变学生学习方式、促进被动学习向主动学习转化的大前提下，课堂结构应该尊重课程性质，变无视学科特点的、较为统一的听课加操练为体现课程本质的学习方式。

原则二　尊重学习类型

每一门课程都应该有基本的教学模式。但即便在同一门课程中，学习内容也是多样的，学习目标的类型也十分丰富。这就要求教学活动有许多变式。杭州市萧山区的"一科多模"的思路就是在这样的背景下提出的。

有学者将科学课程的学习目标分为科学事实、科学概念、科学原理、科学模型和科学理论。不同学习目标的学习设计肯定是不同的。也有教师将科学课分成概念课、规律课、实验课、习题课，按照不同课型设计"学为中心"的教学。萧山区的科学课程教学改革则采用了实用主义的分类，将课分为新授课与复习课两种。新授课又分为陈述型的课、以概念建立为主的探究型的课、以实验设计为主的探究型的课；复习课则分为以程序知识为主和以试卷分析为主两类。在学科教研员的带领下，教师分别对这五类课进行研究，构建了五种基本的课堂教学模式。这样的思路很好地体现了具体问题具体分析的原则，同时也为教师提供了一定的操作建议。

从近年来浙江教学改革的进展看，体现课程性质、结合课型特点的课堂教学模式的变式探索已得到广泛认同，以发展的眼光理解模式已成共识。

原则三　尊重教师风格

教学改革的推进，必须尽可能地激发广大教师的能动性与创造性。课堂教学活动是很难按执行命令的逻辑来实施的。所以，学校推进教学改革，首先要让教师认同改革的理念与操作要求，并理解行为变化背后的道理，然后再鼓励教师在实践尝试中改良与发展。

应该承认，教师之间也有能力差异与风格差异。推进课堂教学改革不能忽略教师个体的专业基础与风格特点的影响。

目前，一些地区或学校探索形成的课堂教学模式，主要是帮助中等程度的常态师资转变教学行为的操作支架。它体现了从"教为中心"向"学为中心"的转变，体现了促进学生主动学习和促进学习过程更有意义的价值取向。这对于专业基础一般、尚未形成独特教学风格的教师来说，是一种底线的、导向的要求。但对于一些富有经验的教师来说，操作支架的意义可能不是关键的，行为背后的道理、对有效学习的理解、学习过程的有意义性等才是最重要的。

因此，在推广课堂教学新范式的过程中，面对有经验的教师和普通的教师，着力点应该不同。为什么不少地区的教学改革先从农村学校开始，走"农村包围城市"的道路呢？这固然有"赤膊不怕穿衣服"的原因，但先从常态师资的学校切入，再来倒逼教师群体素质比较优秀的学校，大概也是一个推进策略。

当然，尊重教师风格并不是优秀教师、有经验的教师拒绝教学改革的理由。他们有从更本质的层面理解教学改革、带动教学改革的义务。

原则四　尊重学情基础

《第 56 号教室的奇迹》的主人公、美国著名的平民教师雷夫先生曾在一次演讲中说，教师面对的是学生，而不是学科。对于今天的学校教育来说，雷夫先生的话很有现实针对性。由于对教师教学工作的评价、对学生学习的评价都呈现为一门门学科的成绩的集合，教师不知不觉地加强了"学科本位"意识。

但是，有效的学习活动必须通过学生来实现。对于学情基础的研究与把握是有效教学的基础。课堂教学模式必然也要重视学情的适应，因学情而变式实践。学情不只是学生的水平基础，还包括学生的学习风格。

今天课堂教学改革的最大价值，体现在以促进学生有效学习为目的，强调学生真实参与有意义的学习过程。所以教师不可以继续运用以往那种"将一群学生视作一名学生"的教学模式，而要更为全面地诊断学生，尽可能让所有学生都能够卷入学习。这对教师提出了更高的要求。

在今天的浙江，意在转变学习方式的、尊重课程性质的课堂研究已广受认同。教学改革要尊重课程性质、尊重学习类型，只有这样才能达到"教无定法"的最高境界。教学改革要尊重教师风格、尊重学情基础，只有这样才能适应并融于学校实践。

[本文发表在《教学月刊（中学版）》2014 年第 2 期]

课堂教学改革的"三重境界"

　　课堂教学改革并不只是课堂活动结构的改变，其真正目的是让自主学习、合作学习、探究学习成为常态。教师要学会从学习方式的角度看待课堂，分析学生的学习行为与特点，选择适当的学习方式组织学习、促进学习。

　　课堂是学生发生学习的重要场所。近十年来，人们对"以讲代教，以听代学"的课堂的反思越来越深刻。不少学校的教师自发地进行课堂教学改革的探索。我们从中可以看出一些线索。

一重境界：课堂模式上避免过度讲授

　　回顾课堂教学改革的兴起与"星火燎原"的过程，改革首先是从克服"重教轻学"问题、限制过度讲授切入的。十年前，当一些学校率先进行学案导学、小组合作、展示学习等的课堂教学改革时，我们眼前一亮。很快，自下而上的草根探索逐渐推衍为区域性的教学改革。

　　为什么课堂教学改革的响应面会如此之大？这是因为人们对于"学习是如何发生的"有了新的认识。学习发生的标志，不是学生听到了学习内容，而是经历了思考的过程。课堂变革的关键，是教师从备教走向备学，从关注课堂上的言语设计走向关注任务的策划。

从表面上看，这些改革只是基层学校凭着经验与情怀的草根实践。但当我们深入美欧等国的课堂后发现，我们强调学习设计的主张与他们的思想不谋而合。以往的教学设计，首先应该是学习设计，"教"其实是在学习设计的基础上，运用学习设计促进有效学习的过程与策略。

二重境界：学会从学习方式的角度看课堂

教学改革的核心是从"教为中心"走向"学为中心"。针对全国各地风行的"一校一模"的现象，我们反对"以模式注册为骄傲"。我们既要肯定教学模式改革在体现"学为中心"上的努力，但同时也要意识到"模式只是一个路标，而非最终目标"，教学改革应从"模式推进"走向"要素推进"。

课堂教学改革的实质并不是教学模式由此及彼的变换，而是促进学生学习方式的转变，让学生从以被动的学习方式为主转向以主动的学习方式为主；让学生回归到体现课程本质的学习方式；让学生经历多样化的学习方式。随着教学改革的深入，教师逐渐明白，课堂教学改革并不只是课堂活动结构的改变，其真正目的是让自主学习、合作学习、探究学习成为常态。教师要学会从学习方式的角度看待课堂，分析学生的学习行为与特点，选择适当的学习方式，组织学习，促进学习。

三重境界：学习指导的形影相随

发展学生的"学习力"、培养学生良好的学习习惯、促进学生学习品质的完善、帮助学生学会学习是教学改革的重要意义。

我们看国外的课堂，尽管课堂活动相当开放，但教师对学生的学习习惯与学习技能的要求十分具体。最好的学习指导应该是寓学于教、形影相随的。

目前的学习指导路径主要有：与学科教学紧密结合的渗透式的指导，重在帮助学生体会学习方法，在知识的形成过程中体会并发展思维；以年级或班级为单位开展的专题性的指导，重在唤醒学生的自我意识与学习认知；面向学生个体的个别化的指导，是指导者充分了解学生后的诊断与帮助。

开展学习指导，从另一方面倒逼教师改进日常的学科课堂，将教的课堂变成学的课堂，自然而然地融入课堂教学改革的实践中。

（本文发表在《基础教育课程》2016 年第 13 期）

区域性课改如何 "软着陆"

2016 年 7 月，河北省涿鹿县教育和科技局郝金伦局长因县政府叫停课改而辞职一事引起社会热议。有力挺者为郝局长叫屈，认为课改方向正确，实践也有成效，因部分家长的非议而叫停并不妥当；有反思者替郝局长惋惜，认为课改大方向正确，但实践不可模式化，不能过于依靠行政命令；也有观望者隔岸评点，认为郝局长搞个人英雄主义，没有从教经历居然也敢推行课改；当然也有反对者为此欣喜，趁机评论推进自主学习与合作学习条件尚不成熟……

虽然这一事件的发生有些个人色彩，涿鹿的实践中确也有特殊之处，但我更愿意将之视为区域推进教学改革的系统现象来讨论。当前，全国很多地区都在区域性地推进教学改革，有进展顺利的，也有困难重重的，与涿鹿类似的隐忧潜伏的地区也不是没有。联系起来讨论，并不是要将这些实践 "绑定" 在一起，而是希望能从方法与策略的角度，更深刻地透过现象认识规律，吸取教训，积极前行。这次 "涿鹿事件" 将促使人们积极地反思。

这一轮教学改革的主流是针对 "重教轻学" 的现实，努力调整学教关系，从促进学习真实发生的角度，探索有效的学教方式，构建 "以学习为中心" 的课堂。

从推动力量看，中小学教学改革可以分为：体现国家意志的系统性的改革；地方主导的区域性的改革；学校策动的以校为本的改革；学科引领的教学改革；教师自觉开展的分散的教学改革。正如物体重心的道理，改革的原发地越贴近基层，就越切合实际，社会阻抗越小；而推进力量的层次提高，积极影响会更显著，但消极影响也可能更突出。这种效应在地方主导的区域推进的改革中体现得最为明显，波动与反复的可能性也更大。因为其推进与支持机制与国家课程改革完全不同。这也是我们应该对课改局长们表示敬重的原因，他们对现实的反思以及积极行动的勇气确实难能可贵，与那些以 GDP 思维来统治教育战线的教育局局长们相比，课改局长显然更为积极。

对课改局长的敬重，并不代表着对涿鹿课改的完全肯定。从逐渐了解到的更多信息看，涿鹿课改的推进方式也有值得总结的教训。而且这一教训有一定的普适意义，它反映的是区域推进教学改革的某种规律，其揭示的是区域性教学改革的渐进之途。

从"移植"到"内生"。在涿鹿课改中，引进"西峡模式"是一个"关键变量"。在有关批判中，教育内外人士对简单的移植有不少不同的声音。如果课改只是停留在某一模式的模仿，将很难转化为本地的常态实践。当然这并不是反对"移植"与借鉴，在改革初期，必要的借鉴是需要的，但我们要迅速度过"移植"，进入"内生"的第二阶段。要重视理解、消化以及"他为己用"的自我发展能力的进步。

从"模式推进"到"要素推进"。在媒体报道中，我们发现不少地区与学校竞相创立课堂教学新模式，以各种与众不同的词汇（组）命名的新教学模式让人眼花缭乱。这种"一校一模"，甚至"一县一模"现象的背后，是要求全校或全县的各学科教学都采用一个模式。这是经不起推敲的，也是课改推进中的一个突出问题。模式其实是关注教学活动的程序结构的方法，它是由若干要素组合而成的。面对不同的课程、不同类型的学习目标、不同的学生以及不同风格的教师，教学模式都应该有相应的变化，这是教育教学的规律。课堂教学改革的实质不是教学模式由此及彼的变换，而是促进学生学习方式的转变。"模式"不是改革的目标，而是向目标前进的一个"路标"。当然，对"模式"的积极批判并不是对"模式"的否定。在改革的初期，借助某一模式去帮助教师实现教学行为的转变是必要的。一些地区或学校成功地通过推行教学模式，实现学教方式的变革。但如果我们不及时地帮助教师理解教学行为改变背后的实质，而简单地用行政命令来督促，就会使相当部分的教师产生认识与行为的冲突，从而成为课改的阻力。因而，要注意缩短"模式推进"的时间，帮助教师在"入模"之时思考"出模"的策略。

从"区域策动"到"以校为本"。真正的教育改革必然发生在学校，发生在课堂，所以只有提高学校的课程领导力，激活教师的教学改革热情与智慧，才能让教学改进常态存在。当然，强调学校是教学改革的原发地并非否定区域领导与支持的重要作用。如果没有区域层面的专业理解、改革意识、用人机制、推进策略、正确的质量管理制度，是很难涌现出课程教学改革的成功典型的。在改革初期，区域教育行政部门的力推是必要的，但随着改革的进展，要迅速进入"以校为本"的课程教学改革时期，区域层面应该多一些"指导性管理"，少一些"控制性管理"，避免行政过度作为，防止出现迎合要求的"假改革"。

从"激进的变革"走向"兼容的转型"。改革初期，鲜明的变革主张会有较强的号召力，会加强区域与学校层面的行动力。因而，有些地方出现较为激进的课堂变革运动。但教学改革是一项复杂的系统工程，各项措施可能都是利弊并存的，而且教师又有一定的惯性，如要将鲜明的变革主张切实落地，需要较好的领导智慧与专业把握。既要坚持"学为中心"的方向，又要保持积极与理性的风格，允许激进的、温和的改革主张与实践并存，以兼容为策略，实现转型之目标。这种渐进的教学改革路径更具适应性。

尽管这个酷夏，对于有着教育情怀的教学改革志愿者们有一点被"瓢泼大雨""浇"了一下的感觉。但在全国范围内，"以教为中心"的传统课堂向"以学为中心"的新型课堂转型的步伐并没有停下。涿鹿案例让我们更好地认识了课改的"渐进之途"，丰富了"二次变革"的策略。

郝局长辞职了，是不是涿鹿课改就失败了呢？我不同意这是一种失败。虽然他和他的团队没能成功帮助全体涿鹿教师转变观念与教学行为，但可能有10%的教师理解并坚持践行"以学为中心"的教学思想，可能还有40%的教师部分接受了允许"疑"、鼓励"探"的启发引导的教学方法。这就是进步，这也是成功。

（本文发表在《中国教育报》2016年8月10日）

从移植到内生：区域性教学
改革的一种路径

2016 年 7 月，河北省涿鹿县教育与科技局局长因县政府叫停课改而辞职。虽然该事件有些个人色彩，但我更愿意视之为区域推进教学改革的系统现象而展开讨论。在《中国教育报》上，我曾分析了区域性教学改革的"渐进之途"，提到从"移植"到"内生"、从"模式推进"到"要素推进"等观点。

在关于涿鹿课改的讨论中，人们对移植"西峡模式"有些不同声音。确实，课改如果只是停留在模式的模仿上，是很难转化为常态实践的。但这并不是反对"移植"，在改革初期，借鉴学习是有必要的，但我们要迅速从"移植"走向"内生"，这是区域性教学改革的重要路径。如何从"移植"走向"内生"，其机制与步骤可以概括为五个关键词。

一是认同。首先是对先行经验所主张的教改方向与实践方法的认同。没有认同，少数人认同，教学改革都可能会夭折。有些学校组织教师外出现场体验，激发教师内心的观念冲突，鼓励部分先觉教师的本土试点，促使教师在"围观"中理解与体会，以达成"认同"。有些学校甚至不惜放慢脚步，以求充分酝酿，降低改革风险。当然认同并不是"神化"，认同的过程应包含积极的反思，这是避免"南橘北枳"的要点。

二是模仿。移植必然有原型，对原型的理解应先从行为切入。要通过部分教师的尝试性实践，形成初步的经验。借用成熟模式有利于促进教师教学行为的转变。但模式模仿不是目的，而是一个过程，要帮助教师从他人实践的观察走向自身实践的体验。虽然这需要借助一定的外力干预，但干预不能太生硬，要实事求是、结合实际。

三是体悟。教学改革不能仅仅停留在行为上。教师要真正转变教学行为，必须使自己的教学理解有所进步，要去体会教学行为背后的道理。也只有这样，教学改革才能转化为教师的自觉行动与常态实践。体悟的过程是理解、消化的过程，对于不同个体来说，可能有长有短，甚至可能有"痛苦"的反思。但这是"他为己用"的自我发展的锻炼，也是影响教学改革内驱力与持续性的关键。此时最忌讳的是落后的教育质量管理所发出的"杂音"。

四是完善。模式不是僵化的固定套路，它只是关注教学活动的程序结构的方法，是预学设计、随堂学习任务、合作学习、展示学习、学情诊断方法、过程性评价等操作要素的组合。当某一教学模式移植到具体学校时，我们应该鼓励教师进行模式的解构，因为这些操作要素是否合理、是否体现有意义学习的思想才是关键。在不同的学校，对于不同的学科，各操作要素必须结合实际落地与发展。

五是变式。面对不同的教学情境，教学方法的选择应该是不同的。判断一所学校的教学改革是否已过渡到"内生"阶段，并不看学校有没有提出新模式，而是看教师们是否自觉树立学生立场，是否触及学生的真实学习，是否在实践中努力体现学科本质，是否基本掌握促进针对不同学科、不同教学内容、不同学情的教学变式与策略。

特意分析"移植路线"的教学改革，是因为近年来这样的案例确实较多。这是由自上而下的国家课程改革唤起的、自下而上的草根课改的特点之一。"移植"自然有其存在的必要与道理，但"移植"也是有利有弊的，并不是所有教学改革都必须经历有形的"移植"阶段。"理论指导实践"的改革与"实践指导实践"的改革事实上并存着，但前者更有持续力，所以我们呼唤教学改革实践的学理思考。

（本文发表在《基础教育课程》2016 年第 17 期）

|6|

站在学生身后的教师

前面一组文章主要是关于如何推进课堂教学改革的思考，本组文章主要是理例结合地讨论促进学生有效学习的策略。教师要善于化"教"为"学"，着力转变学生学习方式；要站在学生的身后，让学生感受到支持。我想借 6 个栩栩如生的美国课堂案例，在阐释学教策略的同时，表达关于课程发展的启示。

当前我们正处在"学习"被重新定义的时代。在经历了旨在转变"学教关系"的"学为中心"教学改革的探索后，如果课堂还只是停留在知识传授和应试训练层面，那一定不符合我们的期待。如何从"知识立意"的教学向"素养立意"的教学转变？项目化学习成为我们探寻学习机制转变的前瞻实践。

教师要善于化"教"为"学"

针对基础教育界出现的"学替代教"与"教替代学"的倾向，北京师范大学郭华教授曾指出，学校不能以"学"代"教"。笔者认为，学校确实不能以"学"代"教"，但教师要善于化"教"为"学"。

教与学是教学活动的一对基本关系。在学校教育中，教与学应是一个整体。当前在教育理论与实践上，确实存在将教与学割裂开来讨论、将"教学"与"自学"简单地对立起来、没有注意现代的"教"与传统的"教"的区别等问题。

不过，不能因为教与学之间存在密切的关联就否定它们的相对独立性（陈佑清《教学论新编》）。在本体上，教是依存于学的，"教不能替代学"是明白无误的真理。"教"以"学"为对象，它以引起、维持和促进学生能动而有效地学习为目的。不能为了"教学"一词的完整，而强调有"教"有"学"，"教"是为了更好地"学"而存在的"帮助"。陶行知先生曾指出教师的责任不在教，而在教学，教学生学。促进学生学，帮助学生学会学习才是教学活动的本质。

江山野先生认为，教学过程应是一个"从教到学"的转化过程。余文森教授发展了这一主张。在学生的早期启蒙阶段，应多发挥教师的影响作用，帮助学生"入门""上路"。不过，教师的作用应着力于学生学习能力的培养和进步。随着学生心智的成长和学习能力的逐渐增强，教师在教学活动中的作用方式应有所变化。教师要有退到学生身后的从容、"化教为学"的智慧、对学生的进步与差异的敏感和基于"学生立场"的评价激励。"化教为学"既是道，也是术。我们既要从学生成长的大道理去理解"化教为学"，还要在日常课堂活动中琢磨"化教为学"的策略与方法。

区别学生处于"自学"状态还是"教学"状态，并不能以教师是否在场为依据，也不能以有无教师的帮助与影响为"边界"，而要看学习活动是否是学生自主实施的，看学生对于学习的元认知是否被启发出来了。

对学生能够"自学"，教师大可不必感到"失落"，反过来应该"骄傲"（如果认同并积极促进学生学会学习的话）。学生的"自学"不是对"教"的否定，不是对教师的"嫌弃"或"拒绝"，而是学生成长的突破。我们期待学生能尽早进入这样的学习状态，那是学生自主实施的、独立的、有效能、讲策略且具有创新意义的学习。这才是"自学"。当然，这离不开教师从容而智慧的"教""导"，以及随年段而循序渐进的"学会学习"的要求与指导。

在学校教育中，要去细分、计较"无教之学"的"自学"与"有教之学"的"教学"是无稽的。学校与教师的责任就是要为学生"登高望远"、克服困难提供形式多样的帮助。这与促进学生学会学习、鼓励学生自主学习是不矛盾的。教学是一个完整的概念，以学为核心，并不排斥更不否定教师的教。这个"教"可能不是传统意义的"教"，它更多地表现为基于学生立场的"导"。

面对现实，我们必须承认，今天的学校教育远不是这个状态，甚至很多学校还没有朝着这个方向而去。在常态教学活动中，"以学为主""学为主体、教为主导"都还未成为主流。郭华教授制止少数学校肤浅地"以学代教"是对的，但从教育改革和发展的大形势看，当前教学改革的主要矛盾，仍然是克服"重教轻学"的问题，倡导"学为中心"。

近年来，国际上正倾向用"Learning"来表达"Education"的真谛。从联合国教科文组织近二十年出版的有关文献看，已主要采用"Learning"一词。这是从社会发展大视野的观念变化，反映对"教育活动的学习本质"的理解。

从学校教育这一相对较小但依然复杂的生态环境看，以"Learning"取代"Teaching"，并不是倡导"无教之学"，而是强调"基于学习的教导"，强调教为学服务的理念，引导构建以学为中心的课堂行为模式。

（本文发表在《中国教育报》2018 年 3 月 28 日）

站在学生身后的教师

——美国课堂给我们的启示

近年来，以转变学生学习方式为旨向的课堂教学改革十分活跃，大江南北竞相涌现各类典型。尽管理论界与实践界对此有许多不同的声音，但在此次赴美考察中，我们发现许多共同体现"让教于学"的价值取向的课堂镜头。于是，我们将这些朴素而真实的课堂整理出来，帮助大家理解今日课堂教学改革的意义与实质。

案例 1　美国课堂中的"学案"

在一节通过电影学习德国史的课堂上，放映着一部事先经过剪辑的纪录片。影片的主线是从 1945 年第二次世界大战结束至 1989 年"柏林墙"倒塌间发生在德国或与德国有关的重要事件。教师和 7 名学生一边看着电影，一边在纸上做些记录，偶尔教师穿插一个问题，或是一点解释，学生们也会简单地讨论几句。

我坐在一名男生的旁边，趁他在看电影，借过他的 3 张记录纸一看，就明白了教师的意图。第一张纸是让学生开放性地记录电影中的事件及主要信息；第二张纸是让学生在一个时间轴上整理这些关键事件，并将美国、苏联、英国等国的对德主张与政策整理到这个时间表上，以梳理其中的逻辑与线索；第三张纸上印有 3 位政治家的演讲词，在每段演讲后教师设问：这是谁的演讲？什么时候发表的？他为什么这样说？这一演讲的意义或标志是什么？……

这是我在异国发现的典型的"学案"，这与我们近年来倡导的"任务学习"思想恰巧吻合。在这个课堂案例中，没有听到教师的娓娓相授，没有看到师生精彩跌宕的追问与对话，有的只是他们默默地观看、记录、整理和间或的讨论。教师课堂言语的占时可能连 10% 都没有。而学生的学习是怎样发生的呢？教师又该怎样支持和促进学生的有效学习呢？

其实，这位历史教师的备课工作主要在两个方面：一是纪录片的剪辑，二是 3 张"学案"的设计。高明的教师是以核心的知识与方法、简明的"学习设计"来促成本质意义的学习的发生。也许，她并没有把具体的历史事件作为主要学习目标，而把经历观看、记录、思考、整理的过程所带给孩子的历史观与方法论的影响视作第一学习目标。这也许就是我们课堂的局限，以及我们"学案"编制与运用的"软肋"。

案例2　基础比技巧更重要

我们走进一个数学教室。教室里分组围坐着 26 名学生。一位神采奕奕的老师开始上课了。这节课是"代数2"

的复习课，因为过两天就要期末考试了。（"代数 2"相当于美国高中生的数学毕业水平。）

教师先在电子白板上呈现 5 个方程，要求学生判断这 5 个方程所对应的图形的类型，然后选择 2 个方程，在直角坐标系中绘出图形。我估计，这是代数与解析几何的衔接内容，通过配方、移项等将这些方程变形为通式是该环节的要点。学生们分别在草稿纸上写着画着。大概 60% 的学生能基本完成。但大家的神情非常散漫，无关的谈笑也时而有之，教师的宽容真有点"境界"。学生间的讨论交流倒非常自觉，不过也有未掌握的学生若无其事地坐着，教师在巡视中会与学生做些交流。15 分钟后，教师开始在电子白板上讲解第一小题，然后请几名学生上去讲解另外 4 道小题。

在得到学生们的积极确认后，教师亮出本节课下半场的学习要点——解析抛物线的 3 个要素：开口朝向、顶点坐标和对称轴。教师先在白板上小作知识梳理，而后又呈现 2 个方程，请学生变形，写出这 2 条抛物线的 3 个要素。

整堂课只有 2 个要点、7 个小题。这样的课堂容量简直太浪费时间。美国教师只要求学生掌握最基础的核心概念和基本方法，便不再发起富有趣味的智力挑战。如果学生只会这点东西，可能只会解决我们的课后练习的前 3 题。而对于一名高中生来说，这些够吗？我估摸，对于全体学生来说，关于"二次方程"的核心概念、基本方法以及关键的思维过程，恐怕就是这些。数学应该留给学生什么？我不是数学教师，无法享受到数学教师在技巧中"穿梭"的兴奋。也许是我们曲化了知识与思维，那些充满技巧的习题有多少是数学的核心运用呢？

基础比技巧更重要，把太多技巧化身为必须学习的内容，会让很多学生失去学习数学的兴趣。我们以为自己提高标准是在维护学科。其实，让更多的学生能够学习与运用，才是一个学科发展的最大立场。当然，我们还要让一部分有潜力的学生能够自觉地深入学习数学。美国主要通过课程选择修习制度为学生的延伸学习提供机会，而不是提高统一的课程标准，强迫另一群学生陪他们读书。

案例 3 "创意写作"是如何形成的

在"创意写作"课的学习现场，我们看到一位气质极佳、年过半百的女教师主持这门课程。该课程没有教材。教师课前一天会提出要求，让学生做好素材与观点的准备。第二天的课上，一般先由学生展示和讨论，然后进行一个半小时的"小组写作"。这是每天开设并持续两周的课程。教师说，这是为了培养学生的开放性思维、英语应用能力和创新性观点。

上课时，12 名学生围坐在一起，大家都能清楚地看到彼此的表情。

首先，每个学生展示自己事先收集整理好的 5 件事。有学生展示时，其他学生安静地倾听或做些记录，其间教师没有插话。

接着，在每位成员介绍完 5 件事后，教师都会提出一个问题："根据这 5 件事，猜猜该同学要表达什么观点？"此时整个小组活跃起来，大家纷纷发表看法。当猜到同学的本意时，学生会很开心，甚至和同伴击掌庆祝；反之，便会流露出失望的表情。教师会要求每个学生记录下其他同学基于5件事情所提出的观点，供自己参考。但教师不做正确与否的判断，是否采用由学生自己决定。

最后，教师让每个学生重新选择5件事，再根据这5件事创作一个完整的故事或一首诗歌……

课堂上，我们没有看到教师试图传授给学生的创意写作的具体技法，只看到在学生们热烈交流中的记录与思考。似乎这些思考并不严谨，也很难通过具体测验来考量，但这是一段真切的创作的过程。课堂上，我们没有看到教师的精彩表现与深刻话语，但她早已将她对创意写作的理解，潜存在这次学习活动的策划与组织中。

案例4　一位"撒手掌柜式"的教师

印第安纳州学术高中的"机器人"课程引起了我们的兴趣。

我们在教室外的走廊上，看见2名学生弯着腰在调试机器人。教室里还有6名学生和1位大胡子教师。学生们两两配对地讨论或操作着，与我们轻轻招呼后，便又沉浸于他们的兴趣中。只有这位大胡子教师闲着，自在地走动。于是，我们上前与他交流。他告诉我们，这两个星期，学生每天都过来摆弄鼓捣4个小时。学生们两人一组，不同的小组具有不同的任务。门口的学生是在测试感应控制装置，让机器人沿着地面色块的分界线前进。

看着忙碌的学生和自在的教师，丝毫没有印象中课堂的样子。于是我们问："您的课程我们很感兴趣，但您是怎样上课的呢？"大胡子教师回答说："我只告诉学生每天要做三件事：一是关于知识的背景学习，二是动手做，三是测试。"我们忍不住追问："那学生又是怎样学习知识的呢？"大胡子教师说："我们给每名学生都配发了一套资料，还有录像，学生自己课余学，有问题欢迎他们来问。""其实8名学生的基础与进度都不同，我没办法统一教。好在他们都有兴趣，自己钻研看懂应该没有问题。"他又补充了一句。

天下哪有这样"撒手掌柜式"的教师？！课程完全让学生自学，课堂上完全是学生的探索实验，那要你老师干什么？也许很多人对这位教师的"授课作风"颇不感冒，教师的主导作用体现在哪里？如果我们的教师也是这样"出工不出力"，还不被校长、家长炒了"鱿鱼"？

其实，玄妙就玄妙在教师的撒手。因为教师的撒手，才有学生们的学习力与创造性。教师的主导作用并不都要通过课堂语言来体现。这位教师在编制"机器人自学讲义"时就已把自己对学生的自学引导渗透在其中。

回到国内，听一位专家介绍美国的 Flipped Class（译为"翻转课堂"）时，我恍然大悟。原来我们是课堂上学习知识，课后巩固练习。而那些先行的美国教师已在探索让学生课前自学知识，课堂上进行操作、讨论、练习，以解决自学中遗留的疑惑与问题。原来"先学后教"还有"国际版"。

案例 5　一门名为"学校历史"的课程

当接待我们的教师告知上午将要观摩一堂"学校历史课"时，我们有点不相信自己的耳朵。一所学校的历史，还煞有其事地变成一门课程来教学生？拿这样的课来做国际交流，是不是小题大做了呢？虽然我们并不看好它，但大家还是有礼貌地跟着向导来到那个教室。

走进教室，只见 1 位教师和 3 名学生围坐在一起讨论。见我们进来，这位自称是历史学家的教师把学生"晾下"，站起身来告诉我们："学校建校已有 23 年，目前还没有系统整理过学校的历史。于是，我策划了一门课程。从去年 8 月开始，我带着 12 名选修该课程的学生来为学校写历史。请学生们去采访过去的老师、学生和管理者，以及现在的老师、学生和管理者，然后把采访报道写下来，由 2 名喜欢网页制作的学生负责把大家的成果通过网络展现出来。"

原来是这样的一门课程！我们可能会归类于综合实践活动。

"一个学期中，我要求学生们每人要做 5 次访谈。今天其他几名学生都出去采访了，这几名学生在与我讨论他们前两天的一次采访……"历史学家教师的解释让我们豁然开朗，同时也让我们肃然起敬。

我们好奇地问了几个问题："为什么选这个课程？""学校事先准备了学校历史的写作提纲吗？分哪几部分？""在同老师与校友的访谈中，分别有哪些具体内容与提纲？"这位教师沉着地说："我不想用我的角度来影响他们，我希望学生能以他们自己的视角来写历史。至于具体的访谈问题都由学生们自己设计。"随后，他让现场的一名女生说说她最近一次采访的调查提纲：你当年如何得知这所学校的信息？你是否怀疑过这所学校？自从来校后，你有哪些变化？在学校中，哪一部分的生活对你影响最大？与原来学校相比较，这所学校的最大不同是什么？这所学校是凭什么吸引你的？在这里学习，对你将来的生活有什么影响？……

在学生发言后，教师告诉我们，他只向学生说明调查访问的要求和忌讳，其他都让学生在亲历中学习。原来，教师教学生的就只是那么一点，而学生们得到的和生成的却是那么的丰富。

我们从不以为然到肃然起敬。我们真切地体会到真正的学习不是在听的过程中发生的，而是在经历中实现的；我们同时幡然有悟，教育之于学生的意义，绝不是那些片段的知识与技巧，而是能够为其所用的联系的知识、运用知识去解决问题的方法，以及在经历中成长起来的社会认知与世界观。相形之下，我们今天的学生每日所沉浸的"习题之海"，以及追在学生身后的落后的测验是多么的苍白。

案例 6　让博物馆成为"百变课程"

鲍尔州立大学艺术博物馆坐落在一片树林里，周围是大片平整的草坪，面积有 2500 平方米，藏品有 10000 多件。一位马来西亚裔的博物馆解说员接待了我们。她告诉大家，博物馆正在扩建，希望博物馆的资源能够为更多人的学习服务，为附近的中小学服务。这正是我们的考察目的。

解说员女士先带我们来到一幅油画前，然后说："我将用对待高中生的方式来为大家解说这幅画，大家能配合我吗？"当然可以。我们感觉有点意思。

她接着问："大家从这幅油画上看到了什么？"油画表现的是 18 世纪俄罗斯农村的生活场景。五六个农民木然、愁苦、忧郁、困惑地站在一辆马车前，车上坐着一位军官模样的人物，看着一旁站着的农民，神情忧虑。车夫驾着马车，两匹马一白一棕色，沉静驻足，农人站在一旁，显得更加寒碜。

"你还能看到什么？""你怎样描述眼前这幅画？""画中包含了一个什么故事呢？""你又是怎么想的？""看到这幅画，你联想到了什么？"解说员女士的一个个问题吸引着我们进行深度讨论……

解说员女士后来告诉我们，这样做的目的是让我们体验一下学生的学习过程。她的追问有的关注所见，有的关注所想所思，符合教育学、心理学和艺术欣赏的规律，具有很强的专业性。师生交流过后，还可以让学生自己主持讨论 20 ~ 30 分钟，然后请他们把自己的理解分析写下来，或者联系当下写写自己的联想。不同年段的学生水平有高低，看到想到的东西也不一样。她就是这样以一幅画的讨论驱动学生思考、联系、想象、表达……

这门课程是学校正常课程的一部分。学习该课程的学生，每月来博物馆 3 次，除去假期一年有 27 次到博物馆学习研究的机会。学生从第一次参观，到最后一次活动结束，不仅自己主持讨论，还要每月写一篇文章或报告。每年都有专业人员对学生在博物馆的学习情况做出评价，并反馈给博物馆。课程的开设者希望能在评价报告上看到：学生通过在博物馆的学习，创造性思维和语言表达能力有所提高。这也是开设这门课程的目的之一。

中小学的很多课程都会组织学生到博物馆来，做些讨论和延伸性的作业。当然针对不同年龄段的学生，解说员们策划与促成讨论的方式是不一样的。不同课程的参观，也会有不同的题材选择，大家根据课程性质来开发利用博物馆藏品的教学资源。例如，几何课程可以分析艺术的构图，物理课程可以研究光的呈现原理，前面讨论的油画如果是历史课程，那就要研究油画所折射的历史背景和人们的观念。

博物馆就像一个"百变课程库"。用我们的话说，这为学科综合性学习提供了丰富的资源和空间。

美国课堂给我们的启示

在上述课堂案例中，我们可以看出美国教师对于学与教的关系的认识。如果要用一句话来概括，那就是：站在学生身后的教师。

启示1 教师的功夫在课前，而课堂的主人是学生

在美国看课，教师在课上的话语是不多的。我们在与教师的对视中，没有看到教师有迫切的需要传递给学生的东西。然而，在课堂的自然进展中，我们却意外地发现学生可能面对的丰富的内容。这就是教育。教师的功夫并不在课堂

上，而在于课前的构思与准备，包括资源提供。教师坚持"让教于学""还教于学"，让学生自己去学习，自己去掌握方法。

学生的学习并不是学生得到了什么，而是学生生成了多少。

在德国史一课中，教师没有在课堂上指点江山，而是让学生记录与思考；在"创意写作"一课中，教师没有教创意写作技法的 ABC，而是让学生在写作经历中体会创意；在"机器人"一课中，休闲的教师游游荡荡，而忙碌的学生如海绵般汲取知识；在"学校历史"课中，教师没有现成的学习内容，只有驱使学生去获得的任务策划。教师在课堂上没有精彩的表现，但学生却在课堂上有真切的感受。但这并不代表美国教师可以漫不经心，他们在课前为学生做了充分的准备：剪辑的纪录片、看电影时的学案、创意写作的流程、关于机器人的课前学习资源……，教师是以自己丰厚的专业素养去促成学生有意义的学习。教师备课备什么？不是在课堂上的精彩言辞，而是学生需要的学习设计，那个切入本质学习的学习活动的设想。

启示2　教师的智慧在于对学生学习的预见、策划与组织

我曾经有一个观点：教师在课堂中最重要的任务，不是讲课，而是组织学习。衡量一堂课是否成功，并不看你讲得漂亮不漂亮，而要看你有没有组织起学生的有效学习。

在美国的课堂上，我们感受到了一样的精神。教师的专业功底常常体现在其对如何完成学习目标的所必需"台阶"的预设上。这些不露痕迹的预设，会引导有意义学习的发生。譬如德国史一课中的第二张学案，在学生们完成时间与

空间两个维度的整理后，一个整体的历史分析悄然形成，这远比那些史实片段的记忆更有意义。

又如"创意写作"课中，教师让学生事先准备 5 件事与 1 个观点，似乎并不经意，而组织学生交流、分析、比较、感悟，虽然没有确定的学习内容，但沉淀在学生身上的却是言语道不明的策略与道理；在学校历史课中，教师组织学生开展采访、调查、写作、展示，他们没有要求所有学生都有一样的收获，但每一名学生却都有铭刻于心的心得，因为他曾经经历过。

据我们了解，美国的高中教师通常每周授课 15～20 节，每天给修自己课程的学生上 1 节课，每天面对 3～4 批不同的学生。如果在国内，如此苛重的教学工作量是无法想象的。每周 20 节课，非把我们的教师的嗓子上到"冒烟"。因为我们的教师总以"输出的手法"来上课，而美国的教师呢？他们一般不站在讲台上，而是站在学生的身后。我们一直以来对教师主导作用的理解是狭窄的。教师的主导作用在于教师对学习活动的策划、组织与指挥，在于他对课程的整体把握。

启示 3　关注学习内容与学习方式的联系，让课堂充分体现课程的意义

常有学者追溯"课程"的原义，有一种说法是将"课程"解作"道路"，这是有道理的。课程不是"静态"的学习内容，而是"动态"的包含学习方式的学习进程。它是以学习活动为基本单位的，是学习活动的有机集合。

在美国，我们看过几十节课，并不是所有的课堂都能让

我们眼前一亮。但在我们选择整理的 6 个美国课堂案例中，我们却有别样的体会。这些课堂其实已不只是课堂，其中已经充盈着教师的课程智慧。具体体现在以下两个方面。

一是学习目标的整体性。在现在的课堂中，其实都有两个层次的目标：一是内容目标，二是超越内容的方法或思维目标。哪一个目标是课堂的重点目标？怎样兼顾两个层次的目标？怎样让一堂课更好地为整个课程服务？这应该是教师需要思考的问题，但这又恰恰是教师忽略的视角。

二是学习内容与学习方式的紧密结合。我们思考这些课堂的价值并不在于它能马上解决什么，而在于它们促成了学生的哪些学习经历。是学习内容附着在学习方式上，还是学习方式为学习内容服务？从某一时刻的片段看，内容似乎是重要的，但从学生的长远发展看，学习方式可能影响学生一辈子。

为什么我们的教师难以摆脱传统的"以讲代教，以听代学"的课堂，为什么我们的教师难以从"片段式教学"走向"整体性教学"，一个重要的原因是落后的评价让先进的课程难以实施。

启示 4 "方法立意"的课堂期待"方法立意"的评价

在听数学课（案例 2）时，我一直在问自己："数学课最后要留给学生什么？我们可能留给每一个学生的是什么？"回想我们的课堂，教师总有教不完的内容，学生总有做不完的习题。我们求全，过于关注事实知识的记忆，过于讲究特殊情景的技巧。但是我们有没有想过，对于事实知识，只要学生知道从哪里获得，就未必需要记忆；对于特殊的技巧，没有必要面对全体学生。美国的课程更为突出核心概念与基础知识，更为重视学生的方法思维与探索经历。这就是"方法立意"。

当然，并不是我们的教师"无知"。今天这种"知识立意"教学的形成绝非"一日之寒"。我们的考试测验（包括高考），特别是对于短期测验结果的过度重视，确实需要深刻反思。我们常常混同了过程性评价与选拔性评价，让学生学习的时时刻刻，都被选拔性评价的"紧箍咒"束缚着。此外，在命题技术上，从"知识立意"向"方法立意""能力立意"的跨越，缺少研究与突破。如果我们对于这样的经验式命题的结果，还要过度应用的话，将使短期功利的影响被放大，将会导致教育教学行为的异化。这是今天课程改革所要克服的关键困难。

当然，我们所能经历的美国课堂，肯定只是美国中小学课堂中的小小一孔，我们无意作武断的结论。但在我们选择的这些课堂镜头中，仍是充满启示的，那就是"学为中心""方法立意"，把促进学生的有效学习作为课堂的核心。

（本文发表于《人民教育》2013 年第 6 期，收录时增加的案例 4～6 发表于《教育信息报》2012 年 10 月 23 日）

辩证理解学生学习方式的转变

在深化课程改革的积极实践中，转变学生的学习方式、改革课堂教学是其中的关键"战役"。如何变传统的教师知识输出的课堂为促进学生有意义思考发生的课堂，需要教师的智慧，并基于对转变学生学习方式的深刻而辩证的理解。

要真正赋予学生学习的权利

学习方式的转变，首先是学习权的转移，让学生从被动学习走向主动学习，真正成为学习活动的主体。

在考察美国课堂时，我们最大的感受是美国教师在课堂上的话语不多，他们似乎并没有很多要传递给学生的东西。然而，在课堂的自然进展中，却发现学生面对着丰富的学习内容。教师的功夫并不在课堂上，而在于课前的构思与准备，课堂的主人就该是学生。教师以学习促进者的身份出现，通过学习关系的转变，来转变学习方式。

目前，国内颇为活跃的以学案导学、小组合作、学情诊断等为操作特征的教学改革也试图"还教于学"，让学生更多地经历自主学习、合作学习。"学为中心"的实质是站在学生的立场，基于学生组织学习，促进学习。但这一转变并非轻而易举。实践中的一些假的"学为中心"现象需要警惕，例如学案编制中只有知识大纲，没有学生思维；课前有学案批改，却没有学情诊断，因为课堂进程预设过多；课堂单元虽是学生活动，但过于密集，难以深入，跑马过场……

这些现象的关键仍然是学习权的真正赋予问题。我们很多教师对于教师的主导作用的理解有些狭窄。教师的主导作用在于教师对学习活动的预见、策划、组织与指挥，在于对课程的整体把握。

要关注学习途径的意义与长效性

戴尔提出著名的"学习金字塔"理论，比较分析了听讲、阅读、声音／图片、示范／演示、小组讨论、做中学、马上应用／教别人等多种学习方式的学习结果的驻留率，发现在经历不同学习方式后的若干时间节点，不同学习方式的学习结果的有效驻留是完全不一样的。

今天，学生更多地以听讲、操练为学习方式。殊不知，"听"是诸多学习方式中最短效的。也许它对于识记性学习内容和短周期测验比较灵验，但不是所有的学习都只是记忆层面的。对于短周期测验的患得患失，可能会让学生失去"远大于芝麻的西瓜"。假如这点知识不是学生自己获取的，而是教师直接递给的，那学生将来必然要还给教师，只是在考试前还，还是考试后还，你我不知而已。

题海操练其实也一样。它让许多学生将知识的理解与运用变成碎片式的习题的强记。即便学生能够条件反射式地正确应答，但这样的应答对于学生的将来没有太大意义。也许有教师会认为，在目前这样的有限学习时间下，听讲与操练是效率较高的途径。但此"效率"是"教的密度的效率"，而非"学的深刻的效率"。最后可能也是枉然。

要促进学习方式的多样化

批判一种学习方式，并不意味着放弃这种学习方式。正好像人们的饮食，既要吃肉，也要吃鱼，还要吃鸡蛋，更不能少了蔬菜。学生的学习也是一样，听课要听，作业要做，但深度阅读不能少，讨论交流也很重要。真实问题的解决、实践体验的学习、"把知道的东西说出来"的展示性学习等"高级学习"，恰是学生成长所必需的，而且是培养优秀学生的必经路径。

今天的教学改革，要让学生从"听中学，练中学"的学习方式中超拔出来，从习惯性的应答思维中超拔出来，让他们更多地经历阐述的学习、问题解决的学习。只有这样，学生才有创造力，才有可能实现学以致用。今天，比较中西方的基础教育，可以发现，我们的最大劣势就在于学生只会解答习题，而不擅长解决问题。而这些学生成年后将面对的是真实的问题，而非有标准答案的习题。

面向未来是今天基础教育的责任。我们让学生经历过多样的学习方式了吗？通过这些学习方式生成学生的习惯和能力了吗？欲前又退的综合实践活动课程令人惋惜。今天的学校课程建设要去探索综合性学习、实践性学习、应用性学习等领域，以弥补强势的学术性课程在学习方式上的局限。

要尊重课程的本来性质与学习规律

在高中阶段，虽然要加强应用性课程，但学术性课程占主导地位是不可改变的。因为高考应试的客观现实，考试科目的教学套路已相当成熟。然而，正是在适应应试的过程中，许多课程的学习方式背离了课程的本来性质。

最为典型的例子是实验科学范畴中的物理、化学和生物课程。在很多高中，实验鲜有。学生在没有实验体验的情况下，接受科学知识其实是不科学的，也很难将知识转化为能力。而当这样的错误做法成为惯例后，学生只会在纸上做实验题，背诵实验结论，回忆实验解释。这便落入了误区。

同样，社会科学领域的课程有没有指向学生理解社会、认识社会、参与社会活动的能力呢？一张张讲义、一本本练习册的历史学习、政治学习，强化的是死记硬背的学习方式。这也是今天学习方式转变中要努力解决的问题。

在已有的课堂教学改革实践中，一些学校响应"先学后教""以学定教"的口号，探索形成了许多课堂教学模式。不过，面对不同课程，面对同一课程的不同课型、不同类型的学习目标，课堂教学模式应该有不同的变式。因为尊重课程性质是课堂教学改革的重要原则。

要适应学生的个体差异

课程修习要适应学生的个体差异，学习方式也应适应学生的个体差异。在转变学习方式的同时要研究学生个体的认知特点，及其学业基础和不同需求。

今天的一些学生出现学业困难现象，其实并不完全是因为学习能力与学习愿望不强，有的可能是因为学习方式的适应困难。比较明显的是男生与女生的学习特点的差异。一般说来，男生偏好在实践操作中学习，女生适应在听讲中的学习。今天的学校，更多地采用教女生的方法教男生，从而导致一些男生处于学习劣势。

同样的道理，有一定自学能力的学业优秀生，需要的是在一定的空间与资源中的自主学习，并能在自己需要的时候得到教师的及时帮助。但教师提供的却是拔高难度、加大密度的、全程控制的课堂，以为这是对学生最好的帮助。但这却抑制了学生发展自主学习能力，错失了使学生愈益优秀的机会。教师的这种经验缘于这种高控制的课堂对于中后段学生的相对有效性。因而其就用教中等生的方法来教优秀学生，却让一些本可以更优秀的学生错失成长机会。

这些无视学生个体特点的学习方式亟待转变。但转变很困难，一个重要原因是落后的评价束缚先进的课程。

要重视学习评价的协同配合

课堂教学改革，学习方式转变都需要学习评价改革的及时跟进。

　　为什么我们的教师总有教不完的东西，学生总有做不完的习题？因为我们过于关注事实知识的记忆，过于讲究特殊情境的技巧。但是，对于事实知识，只要学生知道从哪里获得，未必都需要记忆；对于特殊的技巧，没有必要面对全体学生。教育最后将留给学生的，绝不是那些片段的知识与技巧，而是能够为其所用的联系的知识、运用知识去解决问题的方法，以及在亲身实践中成长起来的社会认知与世界观。所以说，"方法立意"的课堂期待"方法立意"的评价。

　　（本文以《课程改革聚焦转变学生学习方式》为题发表在《浙江教育报》2013 年 4 月 17 日）

重新定义学习

随着课程改革的深化，如何从"知识立意"的教育向素养发展取向的学习发展，避免认知学习与应用实践的脱节，避免认知学习与人的社会性成长的脱节，是世界教育改革与发展的时代课题。《中共中央、国务院关于深化教育教学改革全面提高义务教育质量的意见》指出，"着力培养认知能力，促进思维发展，激发创新意识"，"探索基于学科的课程综合化教学，开展研究型、项目化、合作式学习"。项目化学习正是综合体现上述精神的学习活动。

世界各国都很关注 21 世纪核心素养的培养。美国联邦教育部于 2007 年制定《21 世纪技能框架》(The Framework of 21 Century Skills)，提出 21 世纪美国教育应培养的核心素养和技能，并突出强调"学习和创新能力"。它包括批判性思维和问题解决能力(Critical-thinking and Problem solving)、创造性和创新能力(Creativity and Innovation)、交流能力(Communication)与合作能力(Collaboration)。伴随着这些主张与建构，人们对于学习的认识逐渐深刻，"重新定义学习"的呼声得到广泛响应。

我们的观点有以下方面。

学习是促进人思维发展的过程

从认知学习的角度看，核心知识的学习是重要的，但它应转化为基于理解的可迁移的能力。以往以知识积累为主要目标的学习应走向促进学生深度思考与思维发展的学习，培养学生的批判性思维与问题解决能力。因此，学习更多呈现为学生在情境与任务中的生长。它应该是学生主动的经历和有意义的思考，通过解决问题的实践形成自己关于知识的意义建构以及应用迁移的思维范式。

这一关于学习的定义，首先强调学习是人主动思考、独立思考的过程，在意义建构的过程中发展批判性思维；其次关注学习活动中低阶学习与高阶学习的区别，强调基于理解的迁移以及在迁移转化中的思维；最后强调学习是一项真实性的实践，以及学习者在其中的个性化体验与成长。

学习是促进人形成自我教育能力的过程

学习是为学生成长"植芯"的过程，是促进学生"学会学习"的过程。以往以教师的主动行为来影响与塑造学生的教育活动，应转变为以唤醒学生对于学习与成长的内在理解，并提高其自我管理能力的促进过程。一要帮助学生理解"学习"的意义，理解学习方式多样化的价值，提升学习参与的动力，帮助学生树立自信，相信天道酬勤并愿意为之努力；二要帮助学生形成自我监控和指导的学习能力，建立自我管理体系。这既是学习的目标，也是学习的支持体系。

学习是促进人的社会性成长的过程

教育不只是授知，更在于育人。学习也是一个社会活动过程，是促进学习者形成积极的社会理解、具备良好的社会技能的过程。如何以积极的态度理解社会现象，以同理心理解他人，形成关于自己及发展的正确定位与规划？如何以有意义的方式组织信息，通过口头或书面的形式与同伴进行有效交流或公开表达，并在倾听的基础上给予同伴建设性的反馈？在与同伴一起完成共同任务时，如何通过积极沟通和观念整合形成共识，合理分工或协同配合地解决问题？许多在认知测验中无法反映出来的，却可能对学生未来社会生活产生长远影响的认知与能力都应纳入学习的范畴。因此，真正的学习必须探求认知学习与人的社会性成长的结合。

以上重新定义学习的三个维度，体现了学习者必然要经历的探究性实践、调控性实践和社会性实践，反映了"人的发展"才是学习之核心。它貌似重新定义，其实是返璞归真，是希望因为功利而迷失的教育尽快返途的呼唤。项目化学习正是体现这些理念的典型实践。其兴起与推广，反映了素养导向的教育改革趋势，迎应了基础教育发展的需要。

[本文节选自《重新定义学习：项目化学习 15 例》（教育科学出版社 2020 年 9 月版）的前言]

聚焦项目化学习：
探寻学习机制的转变

2023 年 5 月，教育部印发了《基础教育课程教学改革深化行动方案》，部署了今后一个时期基础教育在课程教学改革方面的五大行动。其中"教学方式变革行动"是一个重点，它进一步明确了教学改革重点攻坚的方向，这是推动教师教学行为与学生学习行为发生改变、推进教与学方式改革创新、有效落实课程育人的关键。回顾我国 21 世纪二十多年来中小学教学实践的发展变化，我们确实看到了许多先进的教学方式与样态，但现实中常态的教学实践与先进样态的差距却可能有增无减。"深化行动"是及时的，也是我们中小学教学方式变革的继往开来。

教学方式变革的三代努力

以二十年或更长时间跨度来梳理我国中小学的教学改革，我们可以发现实践探索发展迭代的线索。

"第一代"的努力在 20 世纪 90 年代，当时很多中小学将教学过程精致化、教学管理精细化作为教学工作的努力目标。当时的重点，是通过严格和精细的管理促使教师教学行为从粗放走向精致，教师努力通过教学过程的精致化提高教学效率，提高教育教学质量。

不过，教学过程精致化并不能解决当时教学的根本问题。在中小学，"重教轻学"的习惯依然强势，学生被动学习的状况依然严重。于是，转变"学教关系"成为教学改革的"第二代"的努力。21世纪基础教育课程改革旗帜鲜明地提出以学生为主体、以教师为主导的基本教学关系。广大中小学积极实践新课程理念。彰显这一理念的课堂教学改革几年后渐起热潮，特别是"新基础教育""生本教育""先学后教""高效课堂"等一些区域性教学改革兴起后，以学习为中心、转变"学教关系"、"教为学服务"渐成共识，基于学生立场的"学为中心"的教学改革得到广泛的响应。

在积极转变"学教关系"后，如果我们仍然只是致力于"知识立意"的教学，没能超越短视的应试训练，这样的教学改革还是有局限性的。于是，"第三代"的努力便逐渐展开，那是在确立"学为中心"的基础上，推动素养立意的教学改革。2016年前后，在沪浙以及京粤晋等地，项目化学习迅速兴起。它既是研究性学习的坚持与发展，其融入学科课程，成为学科教学的常态方式；又是课程教学改革与作业改革走向深入后，聚焦任务、指向问题解决的学习受到重视；也是综合学习、实践学习理念的普及推广。

教育部颁布的《义务教育课程方案（2022年版）》和各学科课程标准，提出"坚持素养导向，强化学科实践，推进综合学习，落实因材施教"等深化教学改革的要求，进一步明确了教学方式变革行动的方向。项目化学习正是从"知识立意"的教育向"素养发展取向"的学习发展的典型的学习方式，是教学方式变革的重点方向。

项目化学习的实践意义

项目化学习是彰显"学为中心"的教学实践。它意在解决认知学习与应用实践脱节的问题，以及认知学习与人的社会性成长脱节的问题，在实践中深受学生欢迎。其实践意义主要有四个方面。

一是赋权意义。我们常说"以学生为主体，教师为主导"。有一些教师在实践中体现了这个理念，但从更大的范围上看，这句话并没有落到实处。但是项目化学习不一样。开展项目化学习的时候，学生真正成为学习的主人。

二是整体意义。在今天的常态学习活动中，学生常常被束缚在碎片化的知识、碎片化的练习和碎片化的考试里。而项目化学习从大概念入手，让学生从碎片化学习转变为整体性学习。这种整体性学习成为常态，有助于学生从简单记忆的积累学习变为以理解促进应用迁移的学习，而这种理解应用迁移的学习才能够转化为解决问题能力的学习。如果教育还停留在分数加加减减的竞争中自得其乐，那将是对民族未来的戕害。

三是应用意义。今天的基础教育学习体系以学术性学习为重点。但在同龄人中，走学术发展之路的不超过20%，剩下的大多数人是走应用发展之路。但今天，60%～70%的学生为这 20% 的可能性而努力，最后以失败的体验离开基础教育体系，走向社会。所以我们一定要关注基础教育体系中学术性学习和应用性学习的平衡。我们要认识到应用思维的学习是一个学生成长中必不可少的部分，而我们却忽略了它。项目化学习恰好弥补了这一缺陷。

四是表现意义。虽然我们常常认为学习是一个输入的过程，但是输出可能是更为高级的学习。项目化学习的一个特点是强调学生表现性的学习，它以输出带动学生更强、更深刻的输入。

项目化学习看似是一个舶来的新概念，但是体现了学习的固有之道，符合国家课程改革的要求。教育部在义务教育和高中的教育改革文件中都明确强调项目化学习的实践。它既是落实跨学科学习的重要形式，也是改进学科教学的新的突破口。

探寻学习机制之变

当前，我们正处在学习被重新定义的时代。学习是学生思维发展的过程，是学生自我教育能力形成的过程，是学生社会性成长的过程。我们必须从学习机制的视角思考教学方式的变革。

是继续只关注知识传递和应试效率，而无视学习之于学生的驱动意义，还是以真实情境的问题解决驱动学生的主动学习？是继续采用简单灌输与题海训练为主要学习路径，还是以体现学科特征的学科实践与丰富而深刻的综合性实践来承载学习？是继续强调教师口耳相授的直接指导，还是教师"小退半步"，多利用支持性学习工具，引导学生自主探索解决问题？是继续采用仅仅有反馈功能的、事后监督意义的结果性评价，还是转向明示学习目标，引导学习过程的具有促进意义的表现性评价？

项目化学习所开启的素养立意的"教学改革之门"，并不只是"基于项目的学习"，而是转变学习机制的探寻，从学习驱动机制、学习承载机制、学习指导机制和学习评价机制等方面表达对未来学习的期待。这也是基础教育教学方式变革行动的与时俱进和继往开来。

（本文以《中小学教学方式变革行动的继往开来》为题发表在《上海教育科研》2023年第9期，收入本书时补充了后两部分）

/7/
实践学习的力量

2016 年，浙江省积极推进深化义务教育课程改革。当时，我曾以"从课程的视角思考教学的改进"为题写文章阐述改革的理路，就从综合性与实践性两个维度讨论课程发展的方向。不曾想到，当时的分析与《义务教育课程方案（2022 年版）》所提出的改革思路不谋而合。

关于综合实践活动课程的 2 篇文章，反映了我对综合实践课程的学习机制的理解，展望了"作为一门课程的综合实践"向"作为一类学习的综合实践"的发展方向。

我们相信"实践出真知"。在关于劳动与劳动教育的 2 篇短文中，我剖析与批评了一些成年人将"劳动"视作惩罚的错误做法，并就如何正确理解"劳动"提出了自己的观点——劳动是一个付出的过程，是一个实践的过程，是面对真实情境的问题解决的探索过程，是学生社会性成长的过程。

本组还有 2 篇 2014 年写的时评。在一次毕业典礼观礼后，我深刻体会到"感动也是一门重要的课程"，只有触及学生心灵的、能持续给予学生积极的精神力量的活动才是真德育。在看到一例春游交通事故后，教育行政部门简单化地限制学生实践活动时，我又就保障学生参与户外教育活动的权利建言献策。

从课程的视角思考教学的改进

　　人们往往狭义地理解课程，认为课程就是科目，课程建设就是学习内容的选择与组织的过程，主要是关于"教什么""学什么"的回答。但是，这只解释了"课程"一词中的"课"字。"课程"之"程"指的是什么？我认为，课程不只是静态的学习内容，还包括动态的学习进程的规划，包含学生的学习方式。这是关于"怎么教""怎么学"的问题。

　　我有时将课程比作"道路"与"风景"。"风景"是学习内容的象征，而"道路"象征着学生的学习方式。如果我们将漂亮的西湖照片拿到教室播放给学生看，将一些资料选编成读本发给学生，讲给学生听，就是课程了吗？未必。只有学生亲自参与游历的过程，当"道路"与"风景"结合，才是我们期待的课程。

　　我们必须打开从学习方式看课程的视角。学习方式是课程转化为学习活动的方法论的线索。在学校，由于纸笔测试的占主流地位，大量课程呈现为知识性内容的课堂传递，学生缺少社会的体验、创新的锻炼以及学科实践活动。因此，将学习内容与学习方式紧密结合是学校课程建设的重要原则。学校课程建设的真正价值并不是学习内容的补充，而是学习方式的补充，重在弥补学校育人的短板，突出实践类课程在促进学生学习方式转变上的价值。

如何从课程的视角思考教学的改进？从课程建设与课程实施相结合的角度，可以将学校的课程教学实践分为五种渐进的形态。

课堂学习设计：最重要、最基础的课程建设

不少人将课程建设简单理解为校本课程的形成，甚至校本教材的编写，而将备课视作教学活动。但在中小学，备课其实是最常见、最重要、最基础的课程建设。它是教师基于课程标准、学情，对学习内容进行"学习化的加工"，也就是课程的二次开发。它主要适用于国家课程的落实，使"设计的课程"转化为"实施的课程"。这是学校教育的主要部分，教学改革往往起步于此。

浙江在推进教学改革的过程中，较早提出"学习设计"的主张，将备课视作教师利用学习资源设计学习活动的过程，后来还发展为"学习活动设计先于教学过程设计"的备课原则。

整体性学习：学科内整合的学习设计

不过，传统的备课是以课时为单位的。局限于课时备课容易导致教学活动碎片化问题。本该"用教材教"的学习活动容易成为简单的"教教材"。事实上，学习内容的选择与

组合，可以以课时为单位、以篇章为单位、以单元为单位，甚至可以以主题为单位，跨学期跨学科地设计学习活动。教学改革初期，教师往往围绕课时来构思。但随着改革的深入，单元学习设计、主题学习设计等渐渐受到关注。

台州市路桥区最早对完整的知识体系被拆解入"课"的现象进行了反思。他们认为，"离散的目标教学取代了整体的领悟，思维的发展变成单维度、小步子的线性进程"。于是，他们提出基于整体思维的单元学习规划的设想，"从碎片化学习走向整体性学习"。这需要教师在学习伊始，就让学生明白学习该内容的意义和目的，让学生面向整体任务，聚焦核心问题。这种"引学习者入门，把整体还给学生，让学生先见'林'后见'树'"的教学思想，是当前教学改革的重要方向之一，是理科学习内容加工的重要原则。

对于语文等语言学科，学习内容的选择与加工需要遵循另一种思路。要强调"语文学习的根本途径就是言语实践"，通过提高阅读频次发现语言形态内在规律，通过增加随堂写作频次学会利用这种形态规律去表现思维。他们不对每篇课文都进行精讲细练的所谓"抠字教学"，而是每周专设阅读课，让学生泛览书籍。在课堂中，把教材变成开放的体系，每讲授一篇课文，总会引进大量的文本供学生阅读，在学生有所感悟时，让学生即时记录，课后随感写作。这种以读促写，读写结合的教学观念，反映了语文学习的本质，避免了以前寻章摘句，沉溺于文本局部的碎片化学习。

深化课程改革提出"加强课程整合"的要求。整体性学习其实就是学科内的整合。不过，我们更愿意将之理解为整体构思的备课。单元整组教学、群文阅读都体现了这一改革方向，并已在浙江省很多地区悄悄推广。

实践学习：转变学生学习方式的学科拓展

以学科为基础，从课程的视角讨论教学改革，可以描述出若干课程形态：一是前述的学科内的整合；二是学科内的拓展；三是跨学科的联系与综合；四是突破学科、超越学科的新的学习领域。

学科内的拓展，主要有知识性的拓展与实践性的拓展两个方向。譬如数学史、数学思想方法等拓展课程属于前者，它主要从学习内容方面有所深化。又如演讲、戏剧等拓展课程属于后者，尽管学习内容也有增加，但其意义主要体现在加强语言实践活动，还原体现课程本质的学习，促进学习方式的转变。

从学生长远发展看，课堂学习只是学习的局部。"经历学习"必不可少。因为多数学校的学科教学会不自觉地加强知识性的拓展，所以深化课程改革应更多地倡导实践性的拓展，将促进实践学习作为基础教育补短板的切入点。少一些课堂学习，多一些学科实践活动；少一些承载在习题中的训练，多一些蕴含学习意义的经历；少一些坐着学的静态学习方式，多一些跨学科的学以致用的学习实践。

主题综合课程：还学生以自然的、真实情境的学习

在主题学习设计时，会出现一些跨学科的主题学习活动。这类学习发展形成主题综合课程。虽然有人称此为主题整合课程，但因为综合学习是这类学习的特征，而整合只是课程形成过程的一种描述，所以我们采用前一提法。

在世界现代教育发展史中，综合课程与分科课程的论争由来已久。综合课程的本意是克服学科本位，倡导能力立意与学生立场，主张学生通过"自然的方式"实现学习；而分科课程则强调学科立场，关注知识及其体系，主张学生按照"人为的方式"进行学习。其对立的背后，"儿童中心论"与"学科中心论"的论争时隐时现，但这对矛盾并不完全对应。

学生在真实生活中面临的问题是综合的，这些问题未必都能被清晰区分出所归属的学科。而且儿童越小，越没有区分问题的能力。要通过综合课程还学生以自然的真实情境的学习。这些学科间综合的学习活动，有利于学生的综合能力的锻炼，提高学生提出问题，并应用知识解决问题的能力，是综合实践活动的雏形。

综合实践活动：促进有学习意义经历的课程建设

综合实践活动是我国 21 世纪课程改革的亮点，也是课程改革实践中的难点。它旨在让学生在真实的情境中学会获得直接经验，在学以致用中提高解决问题的本领。其价值在

于源于生活，成于真实，收于解惑。综合实践活动课程的内容来自学生的生活实际。无论是研究性学习、社会实践，还是劳动与信息技术，学习的内容都是学生生活中最熟悉的部分，都具有真实的生活体验。学生一旦通过研究找到问题产生的原因或获得解决办法就会有极大的成就感。它通过跨学科的、项目化的真实情境，让学生经历以"实践问题"为对象的问题解决过程，提高知识的综合运用能力，推动学生主动探究和真切体验。它是前述这些学习方式的综合，并着重加强了体验意义的学习。浙江省许多地区和学校都有此方面的成果与经验。

不过，综合实践活动尚难常态化坚持。可以加强基于学科的综合学习和实践学习，拓宽学科课程与综合实践活动课程之间的"中间地带"。这种依托学科、走出课堂的常态化的课外学习值得肯定与推广，还可以与作业改革相结合。

［本文摘自《"学为中心"教学改革的浙江实践》（浙江教育出版社 2017 年 12 月版），其简写稿发表在《基础教育课程》2017 年第 9 期］

"劳动"岂能是一种"惩罚"

在一次出差的高铁上，我的后排有一位母亲正与她六七岁左右的儿子开心对话。

列车播音员刚刚播送"高铁上严禁吸烟"的启事，妈妈便顺势教育孩子说："你看，抽烟是不对的，不允许的，否则会被警察抓起来，要被派去干活的……"

当时这位母亲关于犯错误的后果的描述，让我一怔。也许她这句不当的话影响不致太严重，我试着劝慰自己。但是，这位母亲话中隐含的价值观，必然在这个孩子的学生时代形影相随。

将"干活"视作惩罚，将"劳动"视为不幸，艳羡"不劳而获"者，期待也能"少劳多得"。这些看似无害的、属于个人自由的认识，难道不是今天人们的普遍认识吗？

寒窗苦读图什么？在许多家庭中，家长将读书学习视为"进身之阶"，无条件免除孩子的家务劳动，全力保障孩子的学习时间，勉励孩子"吃得苦中苦，方做人上人"。这种不惜代价拼分数拼升学的背后所隐含的，不少是大人对"少劳多得"的属望，以及提高子女在争取"少劳多得"机会上的竞争力的不懈努力。

这是一个可怕的观念。等到浸淫于这样的观念的下一代长大成年后，他们用什么来创造财富？用什么来肩负文明的传承？

表面上看，这个事例反映的是一些家长不懂教育方法，不知道适切的表达，忽略随意的语言可能在孩子身上积累错误认识。但往深处看，这个事例所反映的问题未必能在家庭教育指导中得到解决。因此，事例中隐现的家长们的价值观以及促成这样的价值观的社会"土壤"必须引起我们的正视。家长们对"少劳多得"的信奉，其实是以"爱"的名义放弃对自私、逃避、贪婪、懒惰的批判。

任何美好的东西都要通过劳动才能获得，而且是通过有尊严的劳动来获得。

在青少年树立健康的劳动观念、习得基本的劳动技能的重要时期，一些大人一味强调读书应试的绝对重要，要求他们遁世读书，以好分数去谋"好工作"。殊不知，这些孩子在真正走入社会、走上工作岗位时，却可能出现排斥与不适，或苦恼，或逃避。

一位朋友聊及他大三的儿子不准备读研，而想直接就业时表达担忧："当前找工作都要硕士生，本科毕业就去就业会不会能力不够？"听闻此言，我表达了对他儿子的赞赏："当你儿子愿意选择工作，而不想再寄居校园时，他已经有了自己担当负责的想法，并对自己适应真实社会的能力表现出自信。这是多么值得骄傲的事！"

二十岁以后的人的成长，未必表现在学业的优劣上，一个人的责任感、自信心、劳动能力与阳光面貌才是个人成长的标志。什么是教育的成果？什么才是真正的教育质量？家长们对子女成长的许多判断，地方官员们对学校教育的评价视角，怎样才能回到"立德树人"的本质立场？

这些年的应试教育看似无害，但其实已深刻地影响着社会的走向。

劳动在基础教育诸多课程中看似最不起眼（仅在综合实践活动中有所体现），但它可能是人之成长、社会之文明的重要基础。

（文章发表于《基础教育课程》2017年第21期）

深刻理解"劳动"的属性

习近平总书记在全国教育大会上指出，要在学生中弘扬劳动精神，教育引导学生崇尚劳动、尊重劳动。这是新时代对素质教育的重申，对青少年劳动品质的强调。总书记强调劳动教育是有所指的。在学校教育偏重智育，社会上一些人崇尚"拜金主义"的背景下，"劳动"作为一个人的基本品质，必须成为基础教育的重要内容与目标。认同劳动，乐于劳动，学会劳动，是青少年走向社会的基础品质。引导青少年树立正确的劳动观念，须从正确理解"劳动"开始。

劳动是一个付出的过程

劳动作为付出过程，其通常表现是劳动者为他人办事，从中可能会有物质或精神的回报。但这些回报不应是劳动付出的前提，而应是一种激励。有时，劳动所服务的对象是劳动者本人，这也是俗称的"自己的事情自己做"。对于青少年来说，理解"劳动是一个付出过程"是重要的。这是因为，当前很多青少年一直沉浸在大人们为其"单向付出"的环境中，缺少付出的亲历与体会；或是在付出与回报的讨论中，被潜意识中追求"少劳多得"的择业取向所影响，重视

170

回报而吝啬付出。对于当事人来说，劳动的意愿与体会是多样的，劳动教育的成果常常反映为青少年劳动时乐于付出、甘于付出或是被迫付出的体验与态度上。

劳动是一个实践的过程

人的学习方式有听中学、看中学、讨论中学、实践中学等多种。一个健全的人，往往具备采用多种学习方式进行学习的能力，并经历多样的学习过程。但是，在当前的学校教育中，前两种学习方式仍是绝对多数，后两种学习方式虽已逐渐受到重视，但总体还是比较缺乏。劳动必然是"在实践中学习"的活动。劳动教育将是弥补基础教育中实践学习相对薄弱的重要环节。劳动的实践性决定了劳动教育有两种学习机制，一是操作性学习，二是体验性学习。劳动是人们亲历亲为的动手实践过程，因而劳动技能是劳动教育的当然目标。劳动能对青少年的生活态度产生重要影响，促使青少年形成积极、负责、务实等良好品质。

劳动是面向真实问题的探索活动

劳动的场景必然是真实的。劳动者所面对的是真实情境的任务。它将考验劳动者理解任务要求，综合运用个人知识技能，探索解决问题的能力。尽管劳动有简单劳动与复杂劳动之分，但在劳动过程中，都不同程度地包含综合学习的成分，需要劳动者秉持学以致用的精神探索与学习。虽然人们常将劳动分为体力劳动与脑力劳动，但在现代社会中，纯粹的体力劳动与脑力劳动未必是劳动的主要表现形式，体力劳动与脑力劳动兼而有之的复合劳动更可能是主流。所以，对于劳动的理解也应与时俱进，劳动智慧也成为新时代劳动教育的目标之一。

劳动是促使个体社会性发展的活动

社会性发展就是人的社会属性系统不断完善和社会参与能力逐步提高。劳动正是促使个体理解社会、参与社会的重要的社会化过程。也正是因为这一特性，人们在过去一段时间里，将劳动教育视为德育的一部分。无论从道德品质、价值观念、行为习惯等个体品德修养的形成看，还是从社会责任、合作交往、自我调节等社会性发展看，劳动都是一条重要路径。以往劳动教育更多地以"劳动与技术"的形式出现在基础教育课程中，其社会性价值常被有意无意地忽视了。这也是当前加强劳动教育的意义所在。

劳动是帮助学生形成对社会、经济、职业的初步认识的过程

今天我们要求学生积极参与日常生活劳动、生产劳动与服务性劳动，这是强调学生作为劳动者应该具有的经历与能力。但我们还要重视劳动对于作为发展者的学生的育人意义。劳动应该是学生职业启蒙的重要实践。它既是学生了解

社会，建立社会认知的过程；也能帮助学生认识经济活动，初步了解生产、经营、消费等基本常识；还能帮助学生理解职业，体验职业，形成初步职业意愿，体会职业对个人素养的要求，以激励其学习和成长。

以上是关于"劳动"的认识，以及基于这些认识而对"劳动教育"的理解。劳动教育是典型的体现"立德树人"宗旨的综合课程。劳动教育一定不能只是"出力流汗"的过程，必须要将劳动态度、劳动技能、劳动智慧、社会认知与实践能力等都作为其重要目标。

（本文发表在《中国教育报》2018 年 11 月 14 日）

感动是一门重要的课程

今年夏天，杭州的多家媒体争相报道学校的毕业典礼。许多感人的画面以及画面背后的更感人的点滴，让学生、家长、教育工作者和社会人士心潮涌动。

这本是一个普通的教育环节，却因为教师的精心策划和学生的真诚投入而产生巨大的"正能量"。这是因为，感动是一门重要的课程。

在学生以往的学校生活中，知识性的课程往往会被重视，体验性的课程却常常被忽略。因为知识性的课程一般都有"刚性"的测验在催逼，而体验性的课程则完全生长于自然的环境。但是体验是学生成长必需的"营养"，特别是那一次次被真实触动、感动的经历，将是学生逐渐懂事，走向成熟的不可替代的过程。

我曾出席过一次杭州市文晖中学的毕业典礼。这所重视德育策划的学校很善于开展这种体验性课程。他们会在早春时节，组织初三的师生和家长一起参加登山活动，让学生体会与家长、同学一起克服困难的成功与温暖；他们会在中考前夕，让教师穿起红 T 恤，组织初二与初三学生进行名为"力量的传递"的拔河比赛，让学生把备考的紧张释放出来，以勇气互相感染。他们不用那种誓师与说教的方式来动员学生，而是在重要的时候，或激或婉地"拨动孩子们的心弦"。那极具智慧的德育活动策划，很好地配合了学生学习成长的节奏，又展现了少年青春的气质。自然的、真情的师生互动、家校互动，传递着阳光的精神，无形间促进了学生的进步。这是当前德育实践的创新。

在我国的基础教育中，一直有"德育为首"的说法，但关于如何提高德育的针对性与实效性的讨论一直在反复进行。怎样的德育活动才是有效的呢？笔者的观点是，触及学生心灵的、能持续给予学生积极的精神力量的活动才是真德育。今天学校里就有不少活动可能是"伪德育"，如组织参加"××杯"征文比赛，就可能是需要让学生配合"门面装点"的形式主义。

人们往往将教学与德育视为两条工作战线，两名副校长分别负责教学管理与学生管理，各行其责。我们说，教学工作的进步是"加法"，就像用砖砌墙，在扎实的基础上逐步累积而成；而德育工作的进步则像"乘法"，像一把火，旺盛、蓬勃，激发学生的成长热情。

在以应试教育为特征的学校教育中，德育成为配合提高分数的学生管理，"约束"与"控制"也便成了德育的另类关键词。但这里存在着机制之弊。笔者认为，学校应该巧妙而深刻地将德育与教学结合起来，以唯美的方式与文化的力量发动学生，激励学生的进取心和团队精神，这从另一方面促使教师更为珍视学生，促使家长更为理解孩子。这种难能可贵的教育合力正是当下学校教育应追求的。

今天的学生确实缺少那种怦然心动的经历，以至于不少人成年后居然不会被感动。但感动是一门重要的课程，一次感动胜过千条规定、万句说教。

立德树人，不是简单地讲道理，而是促进学生健康地社会化。与激发学生的学习热情和积极的生活态度相比，教材教法的钻研可能只是"小术"的琢磨。学校教育应思考如何以"道"驭"术"，让教学与德育相协同。

学校不只是学生读书的场所，更重要的，它是学生成长的家园。

（本文发表在《基础教育课程》2014 年第 21 期）

保障学生参加户外教育活动的权利

2014 年春天，海南省澄迈县发生春游车祸事件，这引发媒体议论。有对不幸亡故的孩子表示惋惜的，有对司机的不慎过失表示谴责的，也有主张对学校的组织疏漏进行问责的，更有对事态发展可能会使"学生不再有春游快乐"而表示忧虑的。

教训固然惨痛，但事件让学校对户外教育活动的支持的脆弱暴露无遗。善后、追责固然都很重要，但我们更要重视事件背后的机制"修补"。

要保障学生参加户外教育活动的权利

事件发生后，很多教师担心春游被禁止，因为他们知道春游之于学生的快乐意义与成长价值。这种亲近自然的、集体性的户外活动是综合实践活动课程的一部分。表面上，综合实践活动与学业成绩没有关联，但这是学生在真实情境中获得直接经验的过程，是在学以致用的实践中锻炼解决问题的本领的经历，而且还是学生情感、态度、意志培养的德育形式。这种实践化的学习是学校教育的重要组成部分，是当前中小学教育的薄弱环节。在安全问题的"威胁"下，因噎废食、推卸责任而限制实践性学习的现象非常普遍。

为什么有些学校明知校外集体活动需要教育行政部门的审批，却甘冒风险出行呢？虽然这种贸然"越线"有违政令，但目前还是有不少深受学生欢迎的"未批之行"。在某些地方，审批制的实质是限制，批准便是担责，因而学校的计划一般很难获批。要想行动，便只能选择"未批之行"，因为教育行政部门与学校在这个问题上立场不同。但无论如何，保障学生参加户外教育活动的权利是教育行政部门的责任。

要建立户外教育活动的操作规范

要常态化实施综合实践活动课程，开展户外教育活动，必须建立相应的操作规范。实践性学习的特点决定如何保障活动安全是操作规范的重要内容，例如对于交通安全、器材安全、食品安全、组织上的安全措施、指导人员的配备与培训、活动前的安全教育、应急预案与风险防控等，都应有较为明确的规定。

教育行政部门应组织力量研究制定各类户外教育活动的操作规范，作为实施综合实践活动课程的制度支持。在审批校外集体活动时，应以操作规范为依据，对照检查操作规范的落实情况，符合要求便应允批，不符合要求则先作整改。或者改程序性的审批为指导性的规范督查。

要培养专业性的户外活动指导人员队伍

操作规范只是纸上的约定，要真正保障学生的活动安全，一要靠安全教育，提高学生的安全防范能力；二要有一支精干专业的指导人员队伍。我国基础教育的综合实践活动与德育课程的师资配备，应该采用教师全员参与和骨干专职师资的模式。目前这两方面做得都不够，对教师的活动指导能力的培训也比较缺乏。为此，要在学校师资配备的规划中考虑这个问题，增加综合实践活动课程的教师编制，重视专业性、综合性人才的积累与培养，使户外教育活动的操作规范落到实处。

要建立责权明确的户外活动保险体系

目前学校教育活动中出现的安全事故，大部分属于过失性的偶然事故。组织者肯定也是祈求顺利，努力避免意外的。建立操作规范与培养专业指导人员有利于弥补经验与能力的不足。学校的责任是依照规范组织实施。

但对依照规范的情况下仍然出现的意外，不能完全归责于学校，让学校承担无限责任。建议在学生人身保险中明确包含户外活动安全条款，以分担学校组织户外教育活动的安全风险，切实支持素质教育。如有必要，也可以研究设计对应的户外活动的保险险种，加大责任风险的缓冲机制。

（本文发表在《基础教育课程》2014 年第 19 期）

综合实践活动课程的意义与使命

对于学生成长来说，综合实践活动课程非常重要。其意义在于让学生在真实的情境中学会如何获得直接经验，在学以致用中提高解决问题的本领。当前，学生的主要学习活动没有立足真实情境，而以"题海世界"的操练居多。他们更多的是在学习间接经验，但直接经验的获得是学生人生中重要的学习。综合实践活动是促使学生学会获得直接经验的阵地。我们不能只重视"课堂学习"，却忽略"经历学习"。让经历也成为学习，正是我们的课程的价值。同时，学习必须强调学以致用，要在应用的过程中，让学生感受到不竭的学习动力，越学越活。也正是在应用的过程中，学生解决问题的能力才能有所提高。

所以，我们要从更高的立意来认识综合实践活动课程。对于初中生来说，我们要保证每周 4～6 课时开展真实情境中的、指向直接经验的实践学习。每名学生至少将 10% 的在校学习时间投入综合性、实践性的学习活动。

综合实践活动是应用类课程的重要基础

我们在研究美国高中课程框架时，将他们的课程分成三类：学术性课程、应用类课程、体艺素养课程。从各所高中的课程供给看，三类课程之比是 2：1：1，也就是说，应用类课程约占 25%。这些应用类课程主要涉及技术、商业、家政、生涯指导等方面。在澳大利亚维多利亚州的高考科目设置（VCE）中，每年开考 110 多个科目，其中世界各国语言科目约占 50%，应用类课程约占 25%。高中修习的课程要与大学申请专业相联系。如果将新南威尔士州和维多利亚州的高考科目进行比较的话，可以发现，新南威尔士州的应用性课程以工业技术为主，而维多利亚州以设计为主，如产品设计、视觉传播与设计、户外环境设计、室内艺术、纺织品设计等六门设计类课程。从这些国际经验来看，我们一定要重视基础教育阶段的应用类课程建设，重视技术应用方向的有关课程。这是一个国家未来创造力的重要支撑。

我们国家一直有"重学术，轻应用"的倾向。中小学课程也多为文化课。一提到应用，就联想为技能，联想到职业教育。但事实上，应用类课程与学科的应用性学习都是中学学习的重要组成部分。初中阶段要以综合实践活动为阵地，打下应用学习的坚实"桩基"。

综合实践活动是促进实践学习的基本阵地

课程改革的实质是转变育人模式，促进实践学习；是从外部输入与塑造为主的教育，向唤醒内心成长为主的教育的转变；是从只重视知识传递的教育，向同时重视经历与体验的实践学习发展。我们需要一枚"锲子"，需要一种合力去推动这种改变，综合实践活动便是重要的载体与阵地。

今天，我们思考"课程"的时候，从内容选择的角度思考较多，但这只是"课程"一词中的"课"字。"课程"之"程"指的是什么？是动态的学习进程的规划，是学生的学习方式。因此，课程必须是"课"+"程"，必须同时重视学习内容的选择与学习方式的转变。

在学校课程建设中，我们要把"内容"和"方式"放在同等重要的位置，甚至还要把"学习方式"放在更重要的位置，因为今天的孩子在已有课程体系中，要学习的内容不是太少而是太多。如果拓展性课程只是起到增加学习内容的作用，意义就不大。只有在转变学生学习方式上也发挥作用，它才有价值。其实，今天的旅游也有两种常见模式，一是"跟团游"，二是"自由行"。学习方式的转变就好比少一些"跟团游"，指导和鼓励学生"自由行"。

今天，在学校教育体系中，我们为什么把综合实践活动课程作为一个"重键"来"敲"，因为它是转变学生学习方式的"桥头堡"，是促进学生实践学习的关键。社会实践就是"自由行"，它不是教师介绍沿途风景，而是创造条件让学生自己去发现风景，理解风景，形成自己的风景观。

综合实践活动是发展学生高层次思维的具体课程

最近两年，在开展中小学教育质量监测的工作中，我们慢慢熟悉了一个概念，叫高层次认知能力，这个概念与高阶思维、高层次思维基本同义。它是指发生在较高认知水平层次上的认知活动，主要包括创新能力、问题求解能力、决策能力和批判性思维能力等。在教育目标分类学中，它表现为分析、综合、评价和创造。它是当前对人才素质提出的新要求，是考察和评价学习活动的质量的重要视角。

在当前基础教育的通常学习过程中，学生经历了太多的记忆与操练，却缺乏迁移与创造。纸笔测验所考查的也主要是一些记忆与表层的思维。许多学生在测验中取得高分数，却未必表示其高层次认知能力突出。这从另一个角度折射出通常学习活动的质量。

综合实践活动这门跨学科的、基于方法线索的、强调学生主动探究学习的课程的价值在于其源于生活、成于真实、收于解惑。综合实践活动课程的内容源自学生的生活实际，无论是研究性学习、社会实践，还是劳动与信息技术，学生学习的内容都是生活中最熟悉的部分，都具有真实的生活体验。学生一旦通过研究找到问题产生的原因或获得解决办法就会有极大的成就感。这就是这门课程的魅力。

综合实践活动是体现选择性学习的主要领域

小学阶段的选择性学习、初中阶段的选择性学习与高中阶段的选择性学习并不完全相同。但综合实践活动是义务教育阶段体现选择性的主要课程。

我们在澳大利亚认真解剖了一个学校案例。从七年级到十二年级，学生的课程选择呈现怎样的特点呢？七、八年级的选择主要在艺术、技术与外语三个方面，学生可以修习不同的艺术与技术方向。到九年级和十年级时，学生根据前一阶段的文化课的学习成绩，进行分层选择。不过，分层选择不是难度分层，而是内容分层，相应的评价也应该分层。

目前在中考统一科目的情况下，初中阶段文化课的选择修习受到很多的掣肘。而艺术体育课程、综合实践活动课程等，恰好是体现选择性的合适领域，因为初中生的兴趣与特长已在分化。顺应这一分化，做好"扬长"与"补短"，是综合实践活动以及其他拓展性课程的使命。当然，这一选择应该是"基础＋选择"的模式，学生应有哪些必需的学习经历，需要事先有所规划。

综合实践活动是学生综合素质发展的教育高地

2017 年年底，浙江省教育厅下发了关于中考改革的文件，其中对初中综合素质评价有一点调整，将原来的两个维度"劳动与技能"和"探究与实践"合并为一个维度"创新与实践"。它与"品德与习惯""审美与艺术""运动与健康"构成新的综合素质评价的四大维度。这个"创新与实践"维度就是与综合实践活动课程配合的，主要检测学生在研究性学习、社会实践与社区服务等活动中所表现的能力与成绩。

如果说"品德与习惯""审美与艺术""运动与健康"这三个维度侧重于学生自身修养评价的话，那么"创新与实践"则侧重于学生对周围人与事的影响力的评价。因为创新与实践必须在团队中实施，必须有批判性思维活动，必须面对真实事件解决实际问题，所以"创新与实践"素养正是学生未来能够推进社会发展的可贵因子。无论在研究性学习中，还是在社会实践、校园活动中，帮助学生形成自己的判断标准或价值观，并培养学生用恰当的方法去认识需要研究的问题或需要解决的问题，是综合实践活动课程的根本任务，也是促进学生综合素养发展的高地。

（本文以《在学以致用中提高解决问题的能力》为题发表在《浙江教育报》2015 年 12 月 9 日）

综合实践活动的课程价值
与新时代发展

　　二十多年前，国家启动新世纪基础教育课程改革。综合实践活动是其中的标志性实践。从当年的《基础教育课程改革纲要（试行）》，到 2017 年的《中小学综合实践活动课程指导纲要》，再到 2022 年颁布的《义务教育课程方案（2022 年版）》，综合实践活动课程已走过二十多年。

　　综合实践活动是一种"自然的学习"。它强调学生在真实情境中，在自然的状态下开展学习。学生在自然的社会活动中，在自然的生活世界里，获得直接经验。学会如何获得直接经验，是学生的人生必修课。

　　综合实践活动更是一种"深刻的学习"。它并无刻意的设计，却是触及学生内心深处的影响深刻的学习。在知识至上时期，有的教师觉得活动只是一种形式热闹的浅层学习，但进入"指尖知识时代"，学习正在被重新定义。学习是学生思维发展的过程，是学生自我教育能力形成的过程。综合实践活动强调学生的主动参与，以及对学习进程的自主决策，这是学生经历较少却历久弥深的学习。

　　综合实践活动是"方法立意的学习"。研究性学习是其中的核心部分。它不像以往教育教学那样，较为注重具体知识的传达，而是鼓励学生在主动探索的经历中习得，在理解习得方法的过程中，进一步发展解决问题的能力本领。这种"方法立意的学习"是课程的重要价值。

综合实践活动又是具有"社会意义的学习"。在今天的学校教育中，存在过度重视认知学习，却忽略人的社会性成长的问题。综合实践活动正是解决这一问题的重要课程。通过社会实践、社会服务等活动，促进学生理解社会、融入社会。即便在研究性学习中，也有社会责任与社会性成长的体现。在强调"五育"并举的今天，综合实践活动似乎不属于"五育"中的某一"育"，但它恰恰是探索"五育融合"的最好的载体，是推动学生学习方式的转变，促进学生认知学习和社会性成长相结合的重要实践。

如何理解综合实践活动课程的发展？我愿意视之为我国基础教育"课程综合化浪潮"中的一朵"浪花"。在这二十多年的实践中，从事综合实践活动课程教学与研究的教师有振奋的时候，也有挫折和灰心的时候。在历经浮沉得失的二十多年中，课程的使命与意义就像是远处的"灯塔"。它已不只是一门课程，而是一类学习活动，是学生的一类生活。它对于学生的必要性，以及学生眼中所绽放的亮光，是我们坚持下来的信念。

在原来的课程体系中，综合实践活动课程（包括地方课程、校本课程）大约占总课时的16%。但在《义务教育课程方案（2022年版）》中，信息科技与劳动课程将独立设置，综合实践活动的总课时数貌似减少了。这是否意味着综合实践活动课程进入低潮了呢？不是！

在强化学科实践，推进综合学习的总体要求下，所有课程都应在学科教学中探索实践学习，都需要有不少于10%的综合学习时间，这从另一个意义上增加了综合实践活动的课时，推广了综合实践活动的学习理念。综合实践活动与学科课程的中间地带扩大了，越来越多的课程加盟综合学习与实践学习了。这是以综合化教学为策略，推动课程综合化的新实践。

（本文发表在《上海教育科研》2022 年第 7 期）

|8|
找寻教育之"蓝牙"

学习是促进人思维发展的过程，是促进人自我教育能力形成的过程，是促进人的社会性成长的过程。在疫情突如其来的 2020 年年初，对这一认识我体会良深。面对中小学在线教学中暴露的问题，我忽然想到以"蓝牙"来比喻学生的自主管理与自我教育能力，在实践窘迫中思考启发唤醒自我教育的重要意义。

　　着眼未来，我们一定要重视学生自我学习与自我管理能力的培养。"学会学习"作为中国学生核心素养的重要方面，其内涵与教育实践是长期被忽略的。我们要关注学生的学习体验与态度、学习方法与习惯和对学习的自主管理，促进学生对学习方式的体会和思维方法的进步，以适应现代信息社会的新型学习。

　　回想 2018 年，在人工智能教育、教育数字化转型、精准教学等新形态竞相涌现之际，我试图以理性的笔触讨论人工智能技术在教育中应用的误区与期待，写下了短文《人工智能如何引领教育的未来》。

"学会学习"的意与义

在 2016 年正式发布的《中国学生发展核心素养》中，"学会学习"与"人文底蕴""科学精神""健康生活""责任担当""实践创新"并列作为六大核心素养。作为学生"自主发展"的关键表现，它主要指学生在学习意识形成、学习方式方法选择、学习进程评估调控等方面的综合表现，具体包括乐学善学、勤于反思、信息意识等要点。这是我国第一次将"学会学习"作为基础教育最关键、最必要的培养目标。从当前学生的学习现状看，提出"学会学习"是对课堂转型、学习转型的呼唤。我们可以从以下方面理解"学会学习"的意与义。

学习体验与态度

学生"学会学习"，首先表现在学生能正确认识和理解学习的价值，具有积极的学习态度和浓厚的学习兴趣。很难想象，一个学习态度消极的学生却"学会学习"了。

学生对学习的感受与体验，是学生学习态度的基础。我们曾经在六年级至八年级的学生中开展关于学习体验的调查，当时将学生的学习体验分为愉悦感（"因为学习有意

思，所以我乐于学习"，学习动力源于内在激励)、成功感
("因为好成绩能得到表扬和奖励，所以我乐于学习"，学
习动力源于积极的外在刺激)、焦虑感("考砸会被批评与
责骂，所以要抓紧学习"，学习动力源于消极的外在刺激)
和厌倦感("学习中已没有快乐，唯一的快乐就是逃避学
习")。调查发现，小学阶段大部分学生的学习体验是积极
的("愉悦感"或"成功感")，大家努力取得成功。但进
入初中后，学生学习体验迅速消极化，选择"焦虑感"或
"厌倦感"的学生从六年级的 13.3%、七年级的 26.6% 发展
到八年级的 46.5%。其实，在学习成绩的喧嚣竞争中，掩盖
着近半学生消极学习态度的现实。很多学校和教师重视显性
的学业成绩，却忽略隐性的学习体验。

关心"学会学习"核心素养，要求我们必须重视遏制学
生学习体验的消极化，注意从学习体验的角度促使学生保持
较好的学习状态。

学习方法与习惯

学生"学会学习"，还表现在学生能养成良好的学习习
惯，掌握适合自身的学习方法；能自主学习，具有终身学习
的意识和能力。

埃德加·富尔在《学会生存——教育世界的今天和明天》
中指出，教育应该较少地致力于传递和储存知识，而应该更
努力寻求获得知识的方法(学会如何学习)。然而，在研究
学生的学习现状时，我们发现学生对如何达成学习目标的茫

然普遍存在,大量学生以"赌博"的方式耗用时间,搏击考试。长期以来,重视知识传递、忽视学习品质的教学,导致相当一部分学生"会考试却不会学习"。教师教学活动存在明显的"学科本位",关注具体学科的知识,忽略通用的学习方法。学生在预习、听课、作业、复习、考试等基本学习环节缺乏方法指导。学生在学习上的精力投入不算少,但对如何改进学习却缺少思考。基本学习环节的不扎实、低效率导致学生学习习惯不佳,这不仅影响学业成绩,而且影响学生的学习信心与学习体验。

关心"学会学习"核心素养,要求我们必须重视习惯培养,加强方法指导,促进学生自主学习体系的形成。

对学习的自我管理

学生"学会学习",还体现在学生具有对学习状态进行自我审视的意识和习惯;能根据不同情境和自身实际,选择或调整学习策略和方法;能正确认识与评估自己,依据自身个性和潜质选择适合的发展方向;能合理分配和使用时间与精力,具有达成目标的持续行动力等。一句话,学生具有较好的自我学习调控能力。

我们认为,学生对学习的有效管理有四个要点,并据此将学生分成五类。第一个要点是学生是否具有对自己学习现状的判断力。现实中不乏对自己的学习状况稀里糊涂的"莫名其妙型"学生。第二个要点是学生是否了解克服自身学习困难的方法。有些学生了解自己的学习现状,但属于"茫然无措型"。第三个要点是学生能否持之以恒克服学习困难。今天不少学习困难生，并不是不知道解决问题的方法，而是缺少意志力，属于"虎头蛇尾型"。第四个要点是学生能否根据实际与学习情境适当调整学习策略与方法。依据这种基于学习反思的灵活性，又可以将学生分为"死缠烂打型"与"游刃有余型"。以上四个要点反映一个人的学习品质的若干方面，如判断力、应对力、意志力、灵活性等。不同的学习困难生，其缺陷可能是不同的。日常教育教学中，教师缺少对这些方面的关注与针对性的干预，以致许多教育措施事倍功半。事实上，随着年级的增高，学生自我调控能力的影响会越来越明显。学生面对复杂现象缺少判断力，因目标茫然而难有行为坚持力的消极影响会越来越大。

关心"学会学习"核心素养，要求我们必须重视学生的自我学习调控能力的培养，从学习品质入手，抓住关键矛盾，应用心理辅导技术，促进学生对学习的自我管理。

对学习方式的体会与多样化

学生"学会学习"，还体现在学生能体会出学习方式的差异与特点，选择适合自己及对应学习内容的学习方式；能体会出学习活动中高级学习与低级学习的区别，有意促进更多关于高层次认知的学习；能有意识地丰富自己的学习方式等。这是对学生"学会学习"的较高要求。

美国学者戴尔曾比较分析听讲、阅读、声音/图片、示范/演示、小组讨论、做中学、马上应用/教别人等多种学习方式的学习结果的驻留率，发现经历不同学习方式的学生，在及时评价与延时评价中的表现是完全不同的。今天的学生较多地以听讲、操练为学习方式。教师总把"认真听课"视为学生的第一守则。殊不知，"听"是诸多学习方式中最短效的。也许它对于识记性学习内容和短周期测验比较灵验，但不是所有的学习都只是记忆层面的。

对于学生来说，课要听，作业要做，但深度阅读不能少，讨论交流也很重要。真实问题的解决、实践体验的学习、"把知道的东西说出来"的展示性学习等"高级学习"，恰是学生成长所必需的锻炼。我们要让学生从习惯性的应答思维中超越出来，让他们更多地经历阐述的学习、问题解决的学习。只有经历丰富多样的学习方式，学生才有创造力，才有可能实现学以致用。

关心"学会学习"核心素养，要求我们树立从学习方式看教育教学的观念，既要探索综合性学习、实践性学习、应用性学习等领域，以弥补强势的学术性课程在学习方式上的局限，又要促使学生在经历多样学习方式的过程中，理解学习，提高学习的策略水平。

思维方法的进步

学生"学会学习"，还体现在学生思维方法的进步上。这是我们期待的"学会学习"所具有的深刻意义，如学生能否独立思考与判断，是否具有问题意识，能否多角度、辩证地分析问题，是否尊重事实和证据，是否有实证意识等。这既有一些通用的思维方法，也有一些体现学科本质的思维方法。

在目前的教育教学活动中，因为评价技术的局限，最能体现学生思维水平的主观题往往采用采点计分的方法，它所测查出来的未必是思维的水平，而是记忆的能力。随着对国际学生评估项目（PISA）测验的研究，我国关于学生思维的评价技术迅速成熟起来，这使得从思维的角度看学生的学习进展有了可能。当我们能从思维的合理性、多向性、逻辑性、创新性等角度看学生的思考，学生的学习便超越了原来的意义。

关心"学会学习"核心素养，还要求我们重视学生的思维发展，既要帮助学生深刻体会体现课程性质的学科思维特点，又要鼓励学生独立思考、批判思考、创新思考，培养学生解决问题的能力。

对现代信息社会的新型学习的适应

学生"学会学习"，还体现在学生能适应现代信息社会的新型学习的要求，如学生具有信息意识，能自觉、有效地获取、评估、鉴别、使用信息，具有数字化生存能力，能主动适应"互联网 +"等社会信息化发展趋势，能具有网络伦理道德与信息安全意识等。

2014 年，上海市发布《上海基础教育信息化进程蓝皮书》，分析了将对教育产生深远影响的六个方面技术因素：无处不在的学习场、更多样的教学策略、学科学习分析技术、游戏化体验式学习、创客式自主新形态、人机交互学习形式。在技术改变学习,"数字化学习"悄然来临时,学校中必然会出现许多模糊了课堂边界的学习活动,45分钟不再是所有课堂的标配,面向资源的学生自主控制进程的学习、基于信息环境的协作式的任务解决、将创意转化为现实的学习等许多支持个性化学习、合作学习、创新学习的新型学习形态将层出不穷。"学会学习"自然还有与时俱进的意义。

[本文收入杨九诠主编的《学生发展核心素养三十人谈》(华东师范大学出版社2017年3月版)]

后疫情时代，找寻教育之"蓝牙"

2020 年年初，新冠疫情突然来袭，使逢临开学的学校要变换教育教学模式。在教育部"停课不停学"的要求下，大部分学校利用网络开展教学与指导。许多教师改行当"主播"，通过网络直播课进行教学活动。

切换到网络直播课的教师，一开始总有一种不自然的感觉。前面只有一个摄像头，却要假想面对一群学生，进行有声有色的讲述，这是需要一点定力的。教师很想知道网络另一端的响应，却又触摸不到，就好似原来拉着的风筝线突然断了，有种失控的感觉。

肯定会有教师以埋怨的情绪面对这样特殊的课堂。然而，这样的状态却可能是学习的本来形态。因为长期习惯于课堂的控制性思维，教师在不自觉间将自己的课堂权力悄然放大。其实，今天教育中的控制性思维依然广泛而强势地存在着。正如"停课不停学"的初期，许多学校马上就排出与原先一样的、填满上下午时间的课表，全天候地隔空给学生上课。这些学校或许以为课表安排得越满，就代表教师越努力，对学生帮助越大，殊不知以"控制"代"教育"必然是一厢情愿的。

突如其来的疫情，让教师对学生的影响必须从实时的控制转换为积极的感召。教师意识到这样的转变了吗？尽管有不少教师感到措手不及，但依然有许多教师恍然发现教育的真谛而调整对策。如何成为学生主动学习和健康成长的促进者？对此，教师应积极找寻教育之"蓝牙"。

众所周知，利用"蓝牙"技术的鼠标往往会配有一个 USB 插拔的接收器，要事先将之插在终端设备上，才能建立终端设备与鼠标的关联与响应。这就好比教师在与学生的交流中，事先必须植入"成长之芯"，这比任何事情都重要。如果教师平时不注重对学生进行自我认知的唤醒、学习动机的激发、自主学习的引导、自我管理的鼓励，那就会在"学习场"看到许多忽然隐去后的迷茫学子，哪怕学业成绩很优秀，但依赖控制而"进步"的学生只是"牵线木偶"。

人们的认识，不一定来自先知的提醒。但凡是亲身经历后的体验，便可能刻骨铭心。疫情暴发所形成的突然"休止"，给了教育者特别的情境与特别的思考。我们必须反思教育中的控制倾向。学校教育之于学生的更重要的意义在于"成长之芯"。

找寻教育之"蓝牙"，不忘植入"成长之芯"。

（本文发表在《浙江教育报》2020 年 5 月 25 日）

人工智能如何引领教育的未来

在 AlphaGo 与 AlphaGo Zero 相继横空出世后，人们惊呼人工智能时代即将到来。国务院印发《新一代人工智能发展规划》，明确提出完善人工智能教育体系。人工智能技术在教育领域的应用加速拓展。人工智能技术的发展对教育产生影响是必然的。然而，目前教育实践中的人工智能技术应用可能存在良莠不齐的问题。

任何探索都必须准确把握时代发展的本质特征，必须坚持实践的初心。人工智能时代教育最重要的变化是教育目标或教育活动目标的改变。祝智庭认为，人工智能打破了教育的知识传播平衡，强化了"以学生为中心"的观念。对学生来说，学习最重要的意义不是知识的获得，而是思维的发展和健康的社会化。问题识别、逻辑推理、意义建构、自我指导等高层次认知能力的重要性更加凸显，记忆、复述、再现等低层次认知能力的重要性随之下降。在机器都能思考、考试的今天，如果教育还试图将学生培养成"考试的机器"，将是何等荒谬。

与过去的五年到十年相比，当前的人工智能技术已显现其神奇与强大。图像识别、语音识别、机器翻译、人机对话、基于大数据的智能分析、自适应的个性化学习等，许多人们当年未曾想到的事，现在计算机都能办到了。如何运用这些技术帮助学生学习，帮助教师教育教学，帮助学校管理，成为热门课题。应用信息技术改进或支持教育教学的企业也大量出现，其中聚焦作业与测评环节的企业较为集中。这些企业的主要产品有两个方面，一是习题库，二是基于学生习题响应的数据分析系统，两者依靠知识点索引联系在一起。习题库既是用来诊断的工具，也是诊断后补偿训练的素材。这就是“精准教学”的基本模型。

这一模型的长处是基于对学生知识掌握情况的智能反馈，支持可能的个性化学习（因为学习必须是学生的主动行为）。这一模型的短处在于其背后的“以练代学”的基本逻辑，过度应用容易导致“以训练代学习”“未理解就熟练”等问题的加剧。当一些学校将“周周测”纳入学校教学常规时，教师还有循循善诱的从容吗？当教师习惯于“拿来主义”的作业时，其教学能力是在进步还是在退步呢？如果说，人工智能时代将是“知识立意”的学习向“能力立意”“素养立意”的学习发展的新时代，那么以“知识立意”的学习为纲的人工智能技术应用方向可能是需要检讨的。当然这并非对“精准教学”的否定，而是对推广“精准教学”的审慎建议。

我们应该承认，基于上述模型的“精准教学”还是有市场的，因为它迎合了现实需求。在人工智能技术应用上，迎合现实需求固然必要，但引领未来更为重要。对此，我们有三个期待。

一是人工智能技术要在促进学生学习理解上体现价值。

技术是有成本的。如果技术的应用只是加强训练的效果，其价值只体现在低层次认知能力上，那么这些成本是否值当？人工智能技术应在促进学生高层次认知能力的发展上发挥作用，帮助学生从以解答习题为主走向以解决问题为主。依托人工智能技术在情境创设与人机互动等方面的优势，促使学生基于理解学习，面向应用学习。

二是人工智能技术要在促进学生个别化学习中发挥作用。人工智能技术的出现，打破了教育的知识传播平衡，强化了"以学生为中心"的学习观念，使得尊重每一个学习个体有了可能。而这恰是当前教育实践的薄弱之处。因此，在学校层面应用大数据与人工智能技术的关键，不在统计意义的归因，而在关于学习个体的过程信息的采集，这是促进学生个别化学习的技术凭借。

三是人工智能技术要在开放题评价与实践能力评价上寻求突破。当前教育教学中的许多问题，其实可以在标准化的教学评价与对纸笔测验的迷信中找到原因。以标准答案的客观题为主，以采点计分为主要评分方式的主观题为辅，导致记忆性的学习被强化，理解与运用的学习相对被忽视，创新性的学习则完全被压制。因此，突破评价难题是当前教育改革的关键之一。人工智能技术在这一方面的应用潜力很大，这可能是其对教育的最大贡献之处。从已经实现的听说能力人机对话测试开始，我们还希望能借助技术环境实现问题解决的测评；从已经实现的英语写作评分开始，我们还寄希望于人工智能技术实现指向学生思维的 SOLO 分层评分。

（本文发表在《中国教育报》2018 年 9 月 5 日）

|9|

回应创新人才培养之惑

党的二十大报告提出，教育、科技、人才是全面建设社会主义现代化国家的基础性、战略性支撑，全面提高人才自主培养质量，着力造就拔尖创新人才。将教育与科技、人才结合具有深远意义，体现了教育在国家战略中的地位。

　　有些人认为，这是我国基础教育从过去强调教育公平，转向重视拔尖创新人才培养。于是，增加难题训练、提前招生选拔等做法，又开始或明或暗地运作起来。"创新人才培养之惑"在2023年成为焦点。

　　我们认为，当前要加强培养创新人才，而非选拔尖子学生。多做难题，提前选拔，就能培养创新人才吗？深化教学改革，变革育人模式，科学地提高人才自主培养质量，才是正确的路径。于是，我们结合中小学科技教育发展调研的结论，结合浙江省近年来STEAM教育探索的经验，就如何在教育"双减"中做好科学教育的加法，提出自己的建议。

多做难题，就能培养创新人才吗？

曾有一则关于某省学生因高考数学卷过难而抱怨的报道。阅卷组专家在答记者问中解释："今年数学卷有很多创新之处，创新题比较多，体现了对考生的能力要求，这和国家培养创新人才的目标是一致的。"粗听起来，这句话挺有道理：创新题多一些，有利于创新人才的培养。但细细品味，又觉得此言有些牵强。

我们试图多出一些"创新题"，以让学生多做一些"创新题"，可到学生那里，实际练习的真是"创新题"吗？其实，最后呈现在学生面前的多是披着"创新"的外衣的难题与陈题。创新题的意义在于导向，但创新题的内在机制不改变，指向标准答案的应答机制不改变，反映到具体教育实践中的仍将是应试的训练。我们承认这些题目确实体现了对考生的能力要求，但将创新能力的发展寄希望于解题应答的过程，也许是一厢情愿的。

应答思维是难以促进创新的。中国的创新人才正是在强势的应答文化中被扼杀的。学生的思维状态可以呈现为应答的状态与阐述的状态。应答状态的学生思考求索的是迎合问题设定者的答案（有些是客观的，有些却是主观的，甚至是断章取义的）；而阐述状态的学生思考的是关于问题的整体理解（可以与设定人一致，也可以与设定人的预设不一致），以及问题如何解决的思路和理由。应答的优秀是一种低水平的优秀，阐述的优秀才可能表现出创新人才的潜质。

将我国目前的纸笔测验模式放到国际视野去比较，我们会发现指向收敛的选择题、填空题所占的比重较大，即便开放题有些增加，但其评分思路往往也是收敛的。我们在测验的区分性与导向性上，更在意前者。但这种区分性的背后要面对追求简便操作与讲求学习意义的平衡。国外的测验更多的是阐述与论证，是在真实的情境与任务中考查学生解决问题的能力。

在"钱学森之问"提出后的几年，我国高等教育界与基础教育界都有关于创新型人才培养模式的反思与讨论。但依靠基于应答的选拔机制，通过优秀青少年的高端集训，能真正增强创新能力吗？我表示怀疑。

在我国现行的教育体系下，有一个潜在的冲突影响着全局。那就是"选拔"与"培养"的矛盾。教育应该围绕"培养"还是"选拔"？我们试问，人才是选拔出来的，还是培养出来的呢？是围绕着选拔的要求实施教育，培养学生，还是以培养活动为核心，从有利于培养的角度策划选拔？这就是大学招生制度的高等教育立场与基础教育立场的分歧之处。

要促进创新人才的培养，终究要着眼于"培养"的创新，而不是"选拔"的题目的创新。"选拔"的创新的关键在于突破封闭的应答机制，促进学生思维与创造力发展。所以，创新更应该着力于学习方式的变革上，要看学生是自己学会的，还是教师教会的；要看学生自己是否会学，而不是一个"被学习"的尖子；要看学生是否能学以致用和解决问题。

在学科测验上做加法，而漠视综合实践活动的学习价值是当前培养创新型人才的典型误区。

（本文发表在《基础教育课程》2016 年第 5 期）

提前选拔，就能培养创新人才吗？

在拔尖创新人才培养问题上，存在两种思路。一是主张早发现早培养的"选拔模式"，主张将超常儿童集中起来，采用超前的特殊教育以培养拔尖创新人才。二是主张改革常态教育的"普育模式"，主张变革学教方式，在提高全面教育质量的基础上，鼓励拔尖创新人才的脱颖而出。

持前一种观点的教育管理决策者，往往支持品牌高中提前招生，异地吸引初中阶段的学业领先学生，把学生升入北大清华当作"拔尖创新人才"培养的成绩。但是，考上北大清华的学生，是否就是"拔尖创新人才"？纸笔测验的优胜者，是否就是"拔尖创新人才"？其实，这只是一群适合某一评价模式的学生被筛选出来。他们只是某一阶段的"拔尖学生"，而未必是"创新人才"。"拔尖"与"创新"未必有本质联系。我们要加强创新人才的培养，而不是拔尖学生。为此，我们有以下建议。

要正确把握基础教育促进创新人才成长的规律

在创新人才培养上，一定要尊重规律。根据北京师范大学"基于脑科学的超常儿童培养"项目的多年研究，拔尖创新人才的特质在于有机的知识结构、良好的认知能力、持续终身的发展动力。基础教育阶段应为创新人才成长筑牢终身受益的重要基础，为创新人才成长创设具有引领性和包容性的环境，而不是超前教育与强化训练。要打好学生学习行为与学习习惯的基础，提升学生自我认知，让学生学会自我管理；要打好学生理想信念的基础，正直、上进、不投机，培养家国情怀与专业志趣；要打好学生思维品质的基础，把握知识内容背后的方法论与学科思想，形成良好的知识结构；要打好学生实践能力与问题解决能力的基础，促进学以致用与用以促学，在开放性解决问题的实践中培养创新能力。

要重视"选拔模式"对创新人才成长的消极影响

"选拔模式"寄希望于提前进行的层层筛选，以为创新人才是由伯乐选出来的，而事实上以迎合纸笔形式的选拔性评价的过程，极可能抑制创新能力的发展，而且这种"赛马"形式的选拔极易对其他参与者构成挫伤。这是掐尖选拔招生的学校无视的，却可能影响和伤害学生一生。

长期处于这种功利意义"利诱"下的学生，是无法形成真正的专业志趣的。真正的教育必须以学习的内在意义来吸引学生、激励学生，才能培养出有内在动力的学习者，才可能培养出创新人才。凭借物理奥赛金牌被清华录取，却选择读金融专业的学生，不可能是国家需要的"创新人才"。

有研究还发现，创新人才的成长轨迹并非始终是昂扬向上的。他们在创新力爆发前的相当长一段时间内，其业绩

（包括学业成绩）会低于同伴的平均水平。因为他们正处于"试误"阶段——而"试误"往往孕育着创新。所以，创新人才的成长需要一个宽松包容的环境，尤其要允许这些拥有潜力的学生在探索中"试误"，这是其成长过程的有机组成部分和必然表现。以应试测验、提前选拔为主要方式的"伯乐决定论"，一定不是提高人才自主培养质量的良策。

在基础教育阶段，以"选拔模式"来培养创新人才不是良策，它可能只是"头部学校"争取招生特权的借口，将原来不能公开进行的掐尖招生"洗白"，继续以"好生源"来成就"好学校"。所以要坚决制止某些地方关于高中招生的违规决策。这种以破坏初中教学秩序为代价，提前富集"应试优秀学生"的做法不仅不是创新人才的正确培养路径，更是当前对区域教育生态最大的威胁。

深化教学改革，转变育人模式，科学地提高人才自主培养的质量

党的二十大报告强调要提高人才自主培养质量。在创新人才培养上，要着眼于人才培养过程的质量。当前中小学中盛行的以应试、刷题为主要方式的学习，很难培养出真正的创新人才。

因此，要从"选拔模式"走向"普育模式"，要以丰饶的土壤孕育创新的种子。要引导学校重视师生学习体验，以灵动有效的"学为中心"的学习方式，指导性的教学管理，保障课程与教学的基础质量。要变革学教方式，通过真实情

境的问题解决或者长周期任务激活学习，重视项目式学习、
STEM 教育等实践，在开放性解决问题的实践中从小播撒创
新的种子。要扩大大学开放实验室的"英才计划"的探索，
以切实有效的机制培养对基础学科研究有专业志趣的学生。

　　（本文以《要培养创新人才而不是"拔尖学生"》为题
发表在《浙江教育报》2023 年 3 月 13 日）

指向实践与创新：
科学教育的正确加法

习近平总书记在主持中共中央政治局第三次集体学习时强调"要在教育'双减'中做好科学教育加法"。随后，教育部等十八部门于 2023 年 5 月联合印发《关于加强新时代中小学科学教育工作的意见》（以下简称《意见》）。浙江省自 2016 年启动 STEM 教育，继续深化科学课程改革，加强技术与工程实践，探索发展科技创新教育，推动以项目化学习为重点的学习变革实践。这正是"做好科学教育加法"的积极实践。现结合 2023 年开展的中小学科技教育调查，就如何"做好科学教育加法"提四方面的建议。

一要加实践，亲历实践的"做中学"

《意见》提出"重在实践，激发兴趣"，要"推进基于探究实践的科学教育，激发中小学生好奇心、想象力和探求欲，培养学生科学兴趣，引导学生广泛参与探究实践"。本次调查的两个结论是上述意见的重要佐证，一是学生对科学课程的兴趣与教师的教学方法存在显著相关，与教师讲授相比，分组探究讨论更有助于激发学生科学学习兴趣；二是学生参与实验次数对学生动手实践解决问题的意识影响显著。

但在调查中我们也发现：随着学段上升，学生对科技类课程的兴趣却在下降，感兴趣的比例（含兴趣很高、较高）从小学的 94.7% 下降为初中的 84.5%；科学课堂上教师讲授比重较大，初中比小学明显，而高中更加突出；学生参与科学实验的次数和机会不多，实验开出率随年级增加逐渐下降；各类科技教育功能教室的使用率不高。

我们建议，构建以创新能力为目标的大实践体系。要统筹国家课程的落实与学校特色发展，确保国家课程的核心知识的有效落实。校本课程作为补充，应该致力于以跨学科的方式培养学生的综合素养。科技实践活动是培养创新能力的实际平台，除了国家课程、校本课程中的实践活动，还要开展科技节、讲座、社团、校外兴趣班、比赛等。这些活动不仅要让学生在实践中感受科技的魅力，更要激发他们的兴趣，从而更深入地探索相关领域。此外，要将科技教育活动与校外教育资源、产业实践相联系，让学生更好地了解科技的实际应用，培养他们的创新实践能力。

二要加项目，以问题解决驱动学习

《意见》提出"深化学校教学改革，提升科学教育质量……实施启发式、探究式教学……探索项目式、跨学科学习，提升学生解决问题能力"。调查显示，浙江省近年来以"STEM 教育与项目化学习基地学校"建设工作为抓手，推进 STEM 教育与项目化学习效果显著。35.8% 的小学生、24.7% 的初中生、13.3% 的高中生表示"老师专门组织开展过科技类项目化学习"，基地学校比例更高。但调查也发现，全省还有一定比例教师没有指导过科技类项目化学习，已有深入实践的比例也不高。这说明项目化学习实施的面还不广，还需进一步加强，要积极探索项目化学习与综合性学习（跨学科学习），教师应从讲授为主转向组织实施、提供指导为主，让学生在完成任务的过程中获得深刻的学习体验。这需要完善科技教育教师培养培训体系，提升教师学习指导能力。科技教育教师的专业水平与教学能力影响着学生对科技课程的兴趣，也影响着学生素养的发展。调查结果显示，小学承担科技教育的教师中，非理科专业背景的比例很高（62%），远高于初中（15%）与高中（7%）；教师对科技类项目化学习的指导存在困难。因此，要加强科技教育教师的培训，提升其包括项目化学习在内的以体现学科实践为主的教学与指导能力。

三要加工程，在开放性解决问题中创新学

《意见》提出"统筹规划科学教育与工程教育""加强中小学科学及相关学科（物理、化学、生物、地理、信息科技 / 信息技术、通用技术等）课程标准及教材修订完善工作"，这体现了全面加强中小学科学教育的系统观。推进技术与工程实践是"大科学教育"的重要组成部分。技术与工程实践强调创新、创造，有助于培养学生应用知识与解决问

题的能力，这是加强科学教育，建立拔尖创新人才培养长效机制的重要措施。

我们建议，一是统筹规划包括技术与工程实践在内的科技教育课程和活动，积极推进 STEM 教育。科技类项目化学习、科技跨学科学习都是 STEM 教育的重要实践方式。二是落实劳动教育，发展工程启蒙教育。不仅要重视生产劳动，加大实践中的设计和制作成分，还要注重培养学生的劳动思维。这包括从系统分析到制订劳动计划再到实施的一系列过程，使学生全面掌握劳动的方法和意义。三是丰富体现技术与工程实践的内容与方式。综合性是技术与工程实践的价值之一，它能够整合多领域的内容和多种学习方式。为了更好地体现技术与工程实践，我们需要加强与数学建模、科学探究、创新设计和算法实现等方面内容的结合。这些内容不仅能够帮助学生将理论知识应用于实际问题的解决，还能够培养他们的创新能力和问题解决能力。

四要加社会视野，促进学生形成科技从业意愿

在参与调查的学生中，63.5% 的小学生有未来从事科技相关工作的意愿。随着年级的升高，学生科技从业意愿在降低，初一年级有 48.7%，初二年级有 42.2%，高一年级有53%，高二年级有 49%。这与以刷题为主要方式的单调学习有关。只有让学生体会科技学习的意义，才能促进他们主动追求、提升意愿。

要构建社会大课堂，营造浓厚的科技教育氛围。要让学

生深刻体会科技在实际应用中的作用。要创造机会让学生与科技专业人士、工程师、创业者等进行互动，深入了解科技产业的发展前景。这将为学生做好职业规划提供指引。

《意见》提出，用好社会大课堂应"全面动员相关单位，服务科学实践教育"。从调查结果看，学校对科技教育社会资源的需求比较大，特别是高中学校表现出与义务教育学校不同的需求。中小学校、政府、科研机构、高校、社会机构和企业等各类主体可以建立合作伙伴关系、共同设计课程、举办科技活动和竞赛等。科技馆、博物馆、青少年宫、天文馆等都是优质的科普教育场所，可以为学生提供实地探索和互动体验的机会。高校、科研院所的实验室、科技园区以及高科技企业等可以为学生提供参与实际科技项目的机会，帮助他们将所学知识应用于实践。为了更好地实现这些合作与整合，可以建立联合工作组或委员会，由各主体共同参与决策和规划。制定明确的合作协议和计划，确保资源的合理分配和利用，建立信息共享平台，从而更加高效地推进中小学科技教育的发展。

（本文以《做好科学教育的四种加法》为题发表在《中国教育报》2024 年 2 月 23 日，由管光海执笔）

综合视角的科学教育

2023 年 11 月 9 日，联合国教科文组织在第 42 届大会上，正式决定在中国上海设立国际 STEM 教育研究所（UNESCO IISTEM）。教育部部长怀进鹏在会议发言中表示，我国将以此为新起点，汇聚全球智慧与力量，推动 STEM 教育不断迈上新台阶，为加速实现 2030 年可持续发展目标、建设一个更加美好的世界做出重要贡献。这一事件对我国中小学科学教育是一次重要的激励与推动。

那么，如何理解 STEM 教育对于我国科学教育发展的意义？如何在深化课程改革、落实新课程方案的框架下，加强综合视角的科学教育？我们有以下五点建议。

一要推进课程的综合化。虽然国际上中学开设综合科学居多，但我国中学多分科开设物理、化学、生物等课程。分科开设的课程更强调知识的落实，综合开设的课程更着眼于素养发展。在分科课程为主的现实下，我们要切实理解并落实"推进综合学习"的要求，推动科学类课程综合化教学。

二要坚持实践学习本质。科学是一门以实验为基础的学科。尽管它也强调理性思维，但观察科学现象，探究科学原理更是一种"做中学"的学科实践。学校教育必须克服演示实验多、探究实验少、"PPT 上讲实验"等问题，强化学科实践，增加常态学习中学生的动手实验，加强科学学习与学生经验、生活实践的联系。我们要重视科学教育社会大课堂建设，通过馆校融合等有效形式，增加基于真实情境的探究实践，增加深入社会生活的调查体验。

三要重视项目化学习。在国外，STEM 不只是对理科课程的要求，而是在所有课程中都应体现的理念。它强调学教方式转变，推行跨学科项目化学习，鼓励学生在问题解决驱动下采取多种学习方式，如主动探究学习、应用迁移学习和基于深度理解的表现性学习等。这些多元的、融通的学教方式试图在学习机制层面，还原真实学习，将使科学教育更加焕发活力。

四要探索技术与工程实践。对我国基础教育来说，STEM 教育的重要意义将是唤醒那个"沉默的 E"。原本我们以为工程教育应以科学教育为基础。但走进 STEM 后，我们发现，长期浸淫于"标准答案导向"的学习后，学生自然而然地失去了创新的灵动与勇气。工程教育必须从小启蒙。我们要增加开放性解决问题的实践，从小播撒"创新的种子"。

五要注重学生的社会性成长。STEM 教育是转变育人方式，促进认知学习与社会性成长相结合的实践。在科学教育中要落实课程育人，就不能片面重视认知学习，而要重视学习实践对于个人的社会理解、思想方法、人生态度、生涯选择以及合作沟通能力等的影响。科学教育要让更多的学生喜欢科学，理解科学的社会价值，志愿投身科技行业。

当前，加强中小学科学教育已是国家教育发展战略的重要部分。习近平总书记指出，要在教育"双减"中做好科学教育加法。如何才能正确地"加"是对广大教育工作者的考验。结合浙江省 STEM 教育的探索，我们认为，做好科学教育加法，重点应该加实践、加项目、加工程、加社会视野，以便更加指向创新精神与实践能力的培养。

（本文发表在《教育家》2023 年 11 月刊第 4 期）

出 版 人　郑豪杰
策划编辑　池春燕
责任编辑　万海刚
版式设计　孙欢欢
责任校对　贾静芳
责任印制　叶小峰

图书在版编目（CIP）数据

反思的力量：生态视角的教育观察 / 张丰著 .
北京：教育科学出版社，2024. 10. -- ISBN 978-7
-5191-4134-9

Ⅰ . G4-53

中国国家版本馆 CIP 数据核字第 2024G2A695 号

反思的力量：生态视角的教育观察

FANSI DE LILIANG: SHENGTAI SHIJIAO DE JIAOYU GUANCHA

出 版 发 行	教育科学出版社				
社　　　址	北京·朝阳区安慧北里安园甲 9 号		邮　　编	100101	
总编室电话	010-64981290		编辑部电话	010-64989441	
出版部电话	010-64989487		市场部电话	010-64989009	
传　　　真	010-64891796		网　　址	http：//www.esph.com.cn	
经　　　销	各地新华书店				
制　　　作	北京浪波湾图文设计有限公司				
印　　　刷	天津画中画印刷有限公司				
开　　　本	710 毫米 × 1000 毫米　1/16		版　　次	2024 年 10 月第 1 版	
印　　　张	14.25		印　　次	2024 年 10 月第 1 次印刷	
字　　　数	128 千		定　　价	52.00 元	